ÉDITORIAL
SEPTEMBRE 2023

L'Église de la pauvreté

C'est la rentrée pour tous. L'Église, c'est la maison du pauvre. Celle où l'on est toujours invité et où l'on ne dérange personne. On le sait, l'Église a des problèmes de gestion des ressources humaines et spirituelles. Il manque souvent de l'huile dans les rouages. Et les rouages trahissent le vieillissement. Le plus important est que chacun reconnaisse devant les autres sa radicale pauvreté, ses mains vides, son cœur infidèle. Et se tourne vers cette ouverture qui permet de contempler l'embrasement du ciel. Car l'Église n'est pas faite pour s'autocélébrer dans une nouvelle forme de narcissisme spirituel. Elle n'attire le regard sur elle que pour le tourner vers le soleil, l'unique lumière qui l'éclaire et la réchauffe, le Dieu de Jésus. Vivre l'Église aujourd'hui, c'est aimer le Christ, Dieu comme homme, et l'être humain, poussière appelée à devenir Christ. C'est se mobiliser pour la venue du Royaume, accomplissement de l'histoire sous forme de justice, et en dresser les signes prophétiques. C'est continuer à fredonner la petite musique de l'Évangile en pleine humanité. C'est croire qu'il y aura un soleil, demain, pour les petits. ■

Vivre l'Église aujourd'hui, c'est aimer le Christ, Dieu comme homme, et l'être humain.

© P.-E. Charon

FONDATION DES MONASTÈRES

Soutenir les communautés monastiques vivantes

Lieux de gratuité, de silence et d'accueil, les monastères sont plus que jamais nécessaires à l'équilibre de notre société et de nos contemporains en recherche de sens. Les soutenir est un défi plein d'avenir.

Annonce

Depuis plus de 50 ans, la Fondation des monastères rassemble des religieux et des laïcs qui se mettent au service des communautés monastiques chrétiennes en difficulté et qui soutiennent les efforts de préservation de leur patrimoine. Gardiennes de bâtiments parfois multiséculaires, les communautés religieuses et monastiques permettent à ces lieux de rester vivants. Elles peuvent y perpétuer la vie de prière et la tradition de l'accueil monastique grâce aux mises aux normes auxquelles elles s'emploient. Soucieuses de transmettre ce patrimoine exceptionnel aux générations futures, elles ont en effet à cœur de l'entretenir au mieux. Concrètement, l'aide de la Fondation des Monastères se traduit par un accompagnement des communautés sur le plan juridique, administratif ou fiscal et des aides financières pour mener les projets de sauvegarde, restauration, mises aux normes et entretien de leur patrimoine immobilier.

En 2022, près de 5 millions d'euros ont été attribués sur projets à plus de 90 communautés. Ainsi, les Dominicaines de Chalais ont pu rénover leur hôtellerie, les frères de Lérins engager la restauration de leur tour-monastère, l'abbaye bénédictine de Rosheim réparer façades et toitures... Madeleine Tantardini, directrice de la Fondation, évoque aussi l'exemple d'un chantier qui a marqué les esprits : « En 2018 et 2019, pour sauver l'église de l'abbaye de Sénanque qui menaçait de s'écrouler, la Fondation s'est mobilisée et grâce à près de 4 000 donateurs, 980 000 € ont ainsi pu être versés à la communauté des frères cisterciens pour les travaux de sauvegarde. » Partout en France, des communautés religieuses ont besoin de la générosité et du soutien de donateurs. ●

Annonce

Vous projetez de transmettre des biens à la Fondation des Monastères ?
À votre écoute pour vous accompagner sans engagement et en toute discrétion :
Agnès Larnaudie-Eiffel, responsable legs et donations, 01 45 31 62 81
legsetdonations@fondationdesmonasteres.org

Fondation des Monastères – 14, rue Brunel, 75017 Paris – 01 45 31 02 02
fdm@fondationdesmonasteres.org, dons en ligne sur fondationdesmonasteres.org

PRIER AVEC LE SAINT-PÈRE

Intention universelle du mois de septembre 2023

Prions afin que les personnes qui vivent en marge de la société, dans des conditions de vie inhumaines, ne soient pas oubliées par les institutions et ne soient jamais rejetées.

Pour vous aider à prier :
www.prieraucoeurdumonde.net

SAINTS ET SAINTES DU MOIS DE SEPTEMBRE 2023

Xavier Lecœur, journaliste et historien

Chaque jour, l'Église fête plusieurs saints et bienheureux :
ceux du calendrier romain, ceux des calendriers diocésains
et ceux du calendrier des Églises orientales.
Tous les mois, Prions en Église *vous propose d'en découvrir quelques-uns.*

LES SAINTS

1er septembre
St Loup
(vers 573-623)
L'un des plus célèbres évêques de Sens (Yonne). Exilé par le roi mérovingien Clotaire II sur la base de calomnies, il parvint à rentrer en grâce et retrouva son diocèse.

2 septembre
St Just de Lyon
(IVe siècle)
Évêque de Lyon. S'estimant responsable de la mort d'un homme, Just se retira au désert de Scété (Égypte) en compagnie de Viateur, l'un de ses clercs.

3 septembre
St Grégoire le Grand
(vers 540-604)
« Qu'elles soient possédées, les choses terrestres, qu'elles ne vous possèdent pas », avertissait ce moine bénédictin, élu pape en 590. Docteur de l'Église.

4 septembre
Bse Dina Bélanger
(1897-1929)
Québécoise qui eut une vie mystique intense. Renonçant à une carrière de pianiste concertiste, elle entra chez les religieuses de Jésus-Marie. Béatifiée en 1993.

5 septembre
Bx Jean-Joseph Lataste
(1832-1869)
Dominicain qui fonda la congrégation des Sœurs de Béthanie, permettant à d'anciennes détenues converties au Christ de devenir religieuses. Béatifié en 2012.

6 septembre
Bx Bertrand de Garrigues
(lire page 38)

7 septembre
St Cloud
(VIe siècle)
Petit-fils de Clovis et Clotilde. Il fut ordonné prêtre et fit construire

un monastère à l'origine de la ville de Saint-Cloud (Hauts-de-Seine).

8 septembre
Nativité de la Vierge Marie

9 septembre
St Pierre Claver
(1580-1654)
Jésuite catalan. À Carthagène (Colombie), il se dévoua, durant quarante ans, aux esclaves noirs déportés en Amérique. Canonisé en 1888.

10 septembre
Ste Pulchérie
(IVe-Ve siècles)
Régente puis impératrice de Constantinople. Elle mena une vie ascétique et favorisa le concile de Chalcédoine qui, en 451, condamna comme hérétique la doctrine monophysite affirmant que Jésus Christ n'a que la seule nature et qu'elle est divine.

11 septembre
Bse Marie Céleste Crostarosa
(1696-1755)
Religieuse et mystique née à Naples (Italie). Avec le soutien de saint Alphonse-Marie de Liguori, elle fonda l'ordre des Moniales Rédemptoristines, dédiées à la vie contemplative. Béatifiée en 2016.

12 septembre
Bx Apollinaire Franco
(XVIe-XVIIe siècles)
Missionnaire franciscain espagnol. Il fut martyrisé au Japon, lors des persécutions antichrétiennes décrétées par les shoguns.

13 septembre
St Jean Chrysostome
(IVe-Ve siècles)
Patriarche de Constantinople au grand talent oratoire. « Dieu ne trouve rien de plus agréable et de plus aimable qu'une âme douce et clémente », affirmait-il. Docteur de l'Église

14 septembre
St Gabriel-Taurin Dufresse
(1750-1815)
Prêtre des Missions étrangères, il fut envoyé en Chine. Il y forma de nombreux chrétiens. Arrêté par les autorités, il mourut décapité. Canonisé en 2000.

15 septembre
Bx Giuseppe Puglisi
(1937-1993)
Curé sicilien qui cherchait à préserver les jeunes de l'emprise de la mafia. Le 15 septembre 1993, il était assassiné à Palerme. Béatifié en 2013.

LES SAINTS

16 septembre
St Corneille et st Cyprien
(IIIe siècle)
Corneille (pape de 251 à 253) et son ami Cyprien (évêque de Carthage) et écrivain. prônèrent le pardon des chrétiens apostats ayant renié leur foi durant les persécutions de l'empereur romain Trajan Dèce.

17 septembre
St Robert Bellarmin
(1542-1621)
Jésuite toscan qui fut l'un des plus brillants controversistes de son temps. « Dieu n'est pas loin de nous, parce qu'il nous voit sans cesse », disait-il. Docteur de l'Église.

18 septembre
Ste Richarde
(IXe siècle)
Épouse de l'empereur Charles le Gros, qui la répudia injustement. Elle choisit alors de se consacrer à Dieu et prit le voile à Andlau (Bas-Rhin) dans l'abbaye qu'elle avait fondée.

19 septembre
Ste Émilie de Rodat
(1787-1852)
Aveyronnaise, fondatrice de la congrégation enseignante des Sœurs de la Sainte-Famille de Villefranche-de-Rouergue. « L'essentiel est de se tenir uni à Dieu », soulignait-elle. Canonisée en 1950.

20 septembre
Bx François de Posadas
(1644-1713)
Dominicain espagnol de Cordoue (Espagne). Il s'adonna principalement à la direction spirituelle et à la prédication populaire.

21 septembre
Ste Iphigénie
(Ier siècle)
Fille d'un roi éthiopien, convertie à la foi chrétienne par l'évangéliste saint Matthieu, qui est également fêté aujourd'hui.

22 septembre
St Ignace de Santhia
(1686-1770)
« Le beau Paradis n'est pas fait pour les fainéants. Mettons-nous donc au travail ! », rappelait ce prêtre capucin né dans le Piémont (Italie). Surnommé « le religieux à tout faire », il œuvra comme curé de paroisse, maître des novices, aumônier d'hôpital et directeur spirituel ! Canonisé en 2002.

23 septembre
Bse Bernardine Jablonska
(1878-1940)
Avec saint Albert Chmielowski, elle fonda à Cracovie (Pologne) la congrégation des Sœurs Servantes des pauvres. Elle en fut la supérieure durant quarante ans. Béatifiée en 1997.

24 septembre
St Gérard Sagredo
(X^e-XIe siècles)
Abbé vénitien qui, à la demande du roi saint Étienne Ier, devint le premier évêque de Csanád (Hongrie). Il joua un rôle actif dans l'évangélisation du pays.

25 septembre
St Ermenfroy
(VIIe siècle)
Las des intrigues de la cour, il choisit la vie monastique et releva l'abbaye de Cusance (Doubs), qu'il plaça sous la règle de saint Colomban.

26 septembre
Bx Louis Tezza
(1841-1923)
Il y a un siècle, mourait à Lima (Pérou) ce prêtre religieux camillien, cofondateur de la congrégation hospitalière des Filles de Saint-Camille. Béatifié en 2001.

27 septembre
St Vincent de Paul
(1581-1660)
« L'amour est inventif jusqu'à l'infini », rappelait le fondateur des Dames de Charité, des Prêtres de la Mission et des Filles de la Charité. Canonisé en 1737.

28 septembre
St Exupère
(Ve siècle)
Évêque de Toulouse (Haute-Garonne), à l'origine de la première basilique Saint-Sernin. Il y fit transporter les reliques du saint éponyme.

29 septembre
St Michel, st Gabriel, st Raphaël
Les noms de ces trois archanges, messagers de Dieu, signifient en hébreu « qui est comme Dieu », « Dieu montre sa force » et « Dieu guérit ».

30 septembre
St Jérôme
(IVe-Ve siècles)
Traducteur de la Bible en latin (la Vulgate) d'après l'hébreu et le grec. « Aimez les Saintes Écritures, et la Sagesse vous aimera », disait-il. Père et docteur de l'Église. ●

Prions avec les textes de la messe

DU 1ᴇʀ AU 30 SEPTEMBRE 2023

Dimanche 3 septembre, *22ᵉ dimanche du temps ordinaire* . . . **p. 24**
Dimanche 10 septembre, *23ᵉ dimanche du temps ordinaire* . . **p. 68**
Dimanche 17 septembre, *24ᵉ dimanche du temps ordinaire* . **p. 114**
Dimanche 24 septembre, *25ᵉ dimanche du temps ordinaire* . **p. 160**

Partagez vos intentions de prière

Envoyez vos intentions de prière à : *Prions en Église*, Intentions de prière, 18 rue Barbès, 92128 Montrouge Cedex. **Elles seront portées au sanctuaire Saint-Ferréol les Augustins à Marseille du 21 au 24 septembre, à l'occasion des Rencontres méditerranéennes et de la venue du pape François.**

VENDREDI 1ᴱᴿ SEPTEMBRE 2023
21ᴱ SEMAINE DU TEMPS ORDINAIRE COULEUR LITURGIQUE : VERT

Temps ordinaire, *suggestion d'oraisons et d'antiennes n° 9*

Antienne d'ouverture
Regarde-moi, Seigneur, et prends pitié de moi, de moi qui suis seul et misérable. Vois ma misère et ma peine, enlève tous mes péchés, toi, mon Dieu. (cf. Ps 24, 16.18)

Prière
Seigneur Dieu, nous en appelons à ta providence qui, dans ses desseins, jamais ne se trompe, et nous te supplions humblement : tout ce qui fait du mal, écarte-le, donne-nous ce qui pourra nous aider. Par Jésus… — **Amen.**

Lecture
de la première lettre de saint Paul apôtre aux Thessaloniciens (4, 1-8)

« La volonté de Dieu, c'est que vous viviez dans la sainteté »

Frères, vous avez appris de nous comment il faut vous conduire pour plaire à Dieu ; et c'est ainsi que vous vous conduisez déjà. Faites donc de nouveaux progrès, nous vous le demandons, oui, nous vous en prions dans le Seigneur Jésus. Vous savez bien quelles instructions nous vous avons données de la part du Seigneur Jésus. La volonté de Dieu, c'est que vous viviez dans la sainteté, en vous abstenant de la débauche, et en veillant chacun à rester maître de son corps* dans un esprit de sainteté et

VENDREDI 1ᴱᴿ SEPTEMBRE 2023

de respect, sans vous laisser entraîner par la convoitise comme font les païens qui ne connaissent pas Dieu. Dans ce domaine, il ne faut pas agir au détriment de son frère ni lui causer du tort, car de tout cela le Seigneur fait justice, comme nous vous l'avons déjà dit et attesté. En effet, Dieu nous a appelés, non pas pour que nous restions dans l'impureté, mais pour que nous vivions dans la sainteté. Ainsi donc celui qui rejette mes instructions, ce n'est pas un homme qu'il rejette, c'est Dieu lui-même, lui qui vous donne son Esprit Saint.
– Parole du Seigneur.

Psaume 96 (97)

℟ *Que le Seigneur soit votre joie, hommes justes !*

Le Seigneur est roi ! Exulte la terre !
Joie pour les îles sans nombre !
Ténèbre et nuée l'entourent,
justice et droit sont l'appui de son trône. ℟

Les montagnes fondaient
　　comme cire devant le Seigneur,
devant le Maître de toute la terre.
Les cieux ont proclamé sa justice,
et tous les peuples ont vu sa gloire. ℟

Une lumière est semée pour le juste,
et pour le cœur simple, une joie.
Que le Seigneur soit votre joie,
　　hommes justes ;
rendez grâce en rappelant
　　son nom très saint. ℟

VENDREDI 1ᴇʀ SEPTEMBRE 2023

Acclamation de l'Évangile
Alléluia. Alléluia. Restez éveillés et priez en tout temps : ainsi vous pourrez vous tenir debout devant le Fils de l'homme. ***Alléluia.***

Évangile de Jésus Christ
selon saint Matthieu (25, 1-13)

« Voici l'époux ! Sortez à sa rencontre »

En ce temps-là, Jésus disait à ses disciples cette parabole : « Le royaume des Cieux sera comparable à dix jeunes filles invitées à des noces, qui prirent leur lampe pour sortir à la rencontre de l'époux. Cinq d'entre elles étaient insouciantes, et cinq étaient prévoyantes : les insouciantes avaient pris leur lampe sans emporter d'huile, tandis que les prévoyantes avaient pris, avec leurs lampes, des flacons d'huile. Comme l'époux tardait, elles s'assoupirent toutes et s'endormirent. Au milieu de la nuit, il y eut un cri : "Voici l'époux ! Sortez à sa rencontre." Alors toutes ces jeunes filles se réveillèrent et se mirent à préparer leur lampe. Les insouciantes demandèrent aux prévoyantes : "Donnez-nous de votre huile, car nos lampes s'éteignent." Les prévoyantes leur répondirent : "Jamais cela ne suffira pour nous et pour vous, allez plutôt chez les marchands vous en acheter." Pendant qu'elles allaient en acheter, l'époux arriva. Celles qui étaient prêtes entrèrent avec lui dans la salle des noces, et la porte fut fermée. Plus tard, les autres jeunes filles arrivèrent à leur tour et dirent : "Seigneur, Seigneur, ouvre-nous !" Il leur répondit : "Amen, je vous le dis : je ne vous connais pas."

« Veillez donc, car vous ne savez ni le jour ni l'heure. »

VENDREDI 1ᴱᴿ SEPTEMBRE 2023

Prière sur les offrandes
Confiants dans ta tendresse, Seigneur, nous approchons de ton autel avec respect en apportant nos présents ; puissions-nous, par un effet de ta grâce qui nous purifie, être renouvelés par ces mystères que nous célébrons. Par le Christ, notre Seigneur. — **Amen.**

Antienne de la communion
J'ai crié vers toi, Dieu qui m'as exaucé : incline ton oreille, entends ce que je dis. (cf. Ps 16, 6)
OU
Amen, je vous le dis : tout ce que vous demandez dans la prière, croyez que vous l'avez obtenu, et cela vous sera accordé, dit le Seigneur. (Mc 11, 23.24)

Prière après la communion
Guide-nous par ton Esprit, nous t'en prions, Seigneur, toi qui nous as nourris du corps et du sang de ton Fils : accorde-nous de te rendre témoignage, non seulement en paroles et par des discours, mais aussi en actes et en vérité, pour mériter d'entrer dans le royaume des Cieux. Par le Christ, notre Seigneur. — **Amen.**

INVITATION

Le Temps pour la Création s'ouvre aujourd'hui pour l'Église universelle. Quel geste de sobriété puis-je poser ?

VENDREDI 1ᵉʳ SEPTEMBRE 2023

COMMENTAIRE

Une huile essentielle *Matthieu 25, 1-13*

À l'époque de Jésus, le marié devait entrer avec ses amis dans la maison de l'épousée, accompagné d'une troupe mixte joyeuse et porteuse de lumières, dont l'absence aurait gâché la fête. C'est pour éviter ce risque que les jeunes filles pourvues d'huile refusent de partager avec les imprévoyantes. Certaines choses, les plus essentielles, ne se délèguent pas, nous dit Jésus. Veillons donc sur nous-mêmes. ■

Jean-Marc Liautaud, Fondacio

✱ CLÉ DE LECTURE

« Maître de son corps » 1 Thessaloniciens 4, 4 *(p. 13)*

La traduction par « corps » du mot « vase » est inappropriée : elle tire le texte vers le stoïcisme romain et l'idée d'une maîtrise absolue de soi-même. Il s'agit pourtant d'une expression connue dans la Bible grecque, présente aussi dans la première lettre de Pierre, où la femme est considérée comme un vase précieux à respecter : « Prends femme dans la sainteté et le respect » (cf. 1 P 3, 7). Au cœur d'un monde païen, la toute petite Église chrétienne de Thessalonique doit manifester son lien constitutif avec le Dieu saint, celui qui donne la vie et la bénit. Prendre femme engage le chrétien à participer au projet de Dieu, qui établit l'homme et la femme en vis-à-vis et qui veut que « ce soit bon » : le partage de la sainteté de Dieu commence par le respect mutuel. ■

Roselyne Dupont-Roc, bibliste

SAMEDI 2 SEPTEMBRE 2023

21ᵉ SEMAINE DU TEMPS ORDINAIRE COULEUR LITURGIQUE : VERT

Temps ordinaire, *suggestion d'oraisons et d'antiennes nº 10*
ou **bienheureuse Vierge Marie,** *voir p. 23*

Antienne d'ouverture
**Le Seigneur est ma lumière et mon salut ; de qui aurais-je crainte ?
Le Seigneur est le rempart de ma vie ; devant qui tremblerais-je ?
Mes ennemis, mes adversaires perdent pied et succombent.** (Ps 26, 1-2)

Prière
Seigneur Dieu, source de tout bien, réponds sans te lasser à notre appel : inspire-nous de discerner ce qui est juste et dirige-nous pour que nous puissions l'accomplir. Par Jésus… — ***Amen.***

Lecture
de la première lettre de saint Paul apôtre aux Thessaloniciens (4, 9-11)

« Vous avez appris vous-mêmes de Dieu à vous aimer les uns les autres »

Frères, pour ce qui est de l'amour fraternel, vous n'avez pas besoin que je vous en parle dans ma lettre, car vous avez appris vous-mêmes de Dieu à vous aimer les uns les autres, et c'est ce que vous faites envers tous les frères de la province de Macédoine. Frères, nous vous encourageons à progresser encore : ayez à cœur de vivre calmement, de vous occuper chacun de vos propres affaires et de travailler de vos mains comme nous vous l'avons ordonné.
– Parole du Seigneur.

SAMEDI 2 SEPTEMBRE 2023

Psaume 97 (98)
℟ Il vient, le Seigneur, gouverner les peuples avec droiture.

Chantez au Seigneur un chant nouveau,
car il a fait des merveilles ;
par son bras très saint, par sa main puissante,
il s'est assuré la victoire. ℟

Que résonnent la mer et sa richesse,
le monde et tous ses habitants ;
que les fleuves battent des mains,
que les montagnes chantent leur joie. ℟

Acclamez le Seigneur, car il vient
pour gouverner la terre,
pour gouverner le monde avec justice
et les peuples avec droiture ! ℟

Acclamation de l'Évangile
Alléluia. Alléluia. Je vous donne un commandement nouveau, dit le Seigneur : « Aimez-vous les uns les autres, comme je vous ai aimés. » ***Alléluia.***

Évangile de Jésus Christ
selon saint Matthieu (25, 14-30)

En ce temps-là, Jésus disait à ses disciples cette parabole : « Un homme qui partait en voyage appela ses serviteurs et leur confia ses biens. À l'un il remit une somme de cinq

« Tu as été fidèle pour peu de choses, entre dans la joie de ton seigneur »

talents, à un autre deux talents, au troisième un seul talent, à chacun selon ses capacités. Puis il partit.
« Aussitôt, celui qui avait reçu les cinq talents s'en alla pour les faires valoir

SAMEDI 2 SEPTEMBRE 2023

et en gagna cinq autres. De même, celui qui avait reçu deux talents en gagna deux autres. Mais celui qui n'en avait reçu qu'un alla creuser la terre et cacha l'argent de son maître.

« Longtemps après, le maître de ces serviteurs revint et il leur demanda des comptes. Celui qui avait reçu cinq talents s'approcha, présenta cinq autres talents et dit : "Seigneur, tu m'as confié cinq talents ; voilà, j'en ai gagné cinq autres." Son maître lui déclara : "Très bien, serviteur bon et fidèle, tu as été fidèle pour peu de choses, je t'en confierai beaucoup ; entre dans la joie de ton seigneur." Celui qui avait reçu deux talents s'approcha aussi et dit : "Seigneur, tu m'as confié deux talents ; voilà, j'en ai gagné deux autres." Son maître lui déclara : "Très bien, serviteur bon et fidèle, tu as été fidèle pour peu de choses, je t'en confierai beaucoup ; entre dans la joie de ton seigneur."

« Celui qui avait reçu un seul talent s'approcha aussi et dit : "Seigneur, je savais que tu es un homme dur : tu moissonnes là où tu n'as pas semé, tu ramasses là où tu n'as pas répandu le grain. J'ai eu peur, et je suis allé cacher ton talent dans la terre. Le voici. Tu as ce qui t'appartient."

« Son maître lui répliqua : "Serviteur mauvais et paresseux, tu savais que je moissonne là où je n'ai pas semé, que je ramasse le grain là où je ne l'ai pas répandu. Alors, il fallait placer mon argent à la banque ; et, à mon retour, je l'aurais retrouvé avec les intérêts. Enlevez-lui donc son talent et donnez-le à celui qui en a dix. À celui qui a, on donnera encore, et il sera dans l'abondance ; mais celui qui n'a rien se verra enlever même ce qu'il a*. Quant à ce serviteur bon à rien, jetez-le dans les ténèbres extérieures ; là, il y aura des pleurs et des grincements de dents ! " »

SAMEDI 2 SEPTEMBRE 2023

Prière sur les offrandes
Regarde favorablement tes serviteurs, Seigneur, nous t'en prions : que notre offrande soit pour toi un présent agréable et nous fasse grandir en charité. Par le Christ, notre Seigneur. — *Amen.*

Antienne de la communion
Le Seigneur est ma forteresse,
mon refuge et mon libérateur.
Mon Dieu vient à mon aide.
(cf. Ps 17, 2-3)
OU
Dieu est amour : qui demeure
dans l'amour demeure en Dieu,
et Dieu demeure en lui.
(1 Jn 4, 16)

Prière après la communion
Par ta force de guérison, Seigneur, dans ta bonté, libère-nous de nos égarements, et conduis-nous sur le droit chemin. Par le Christ, notre Seigneur. — *Amen.*

INVITATION

En ce lendemain de rentrée, je peux confier au Seigneur les enfants, les jeunes et leurs enseignants.

SAMEDI 2 SEPTEMBRE 2023

COMMENTAIRE

Donner, c'est donner Matthieu 25, 14-30

Les deux premiers serviteurs ne rendent rien au maître. Ils lui montrent qu'ils ont su faire fructifier des sommes reçues de lui en don (le grec précise que le maître leur a « livré » cet argent). Seul le troisième croit que l'argent appartient encore au maître. N'ayant pas su recevoir, même ce qu'il a – mais dont il ne voulait pas – lui sera enlevé. Un autre – qui avait su recevoir – en profitera ! ■

Jean-Marc Liautaud, Fondacio

✻ CLÉ DE LECTURE

« Même ce qu'il a » Matthieu 25, 29 *(p. 20)*

Un jugement arbitraire qui écraserait les plus faibles ? S'agit-il vraiment de cela ? Notons d'abord que la plus petite somme confiée est déjà faramineuse : 15 années de travail d'un ouvrier agricole ! C'est dire la confiance inouïe du maître, et d'un maître qui n'accorde pas à tous les mêmes dons, mesurant peut-être les capacités de chacun. Ainsi agit notre Dieu qui confie aux humains le sort du monde, chacun selon ses moyens, mais chacun absolument responsable. Ce que la parabole souligne, c'est que Dieu attend que nous nous mobilisions, certes avec ferveur, mais surtout dans un engagement actif au présent, quitte à prendre des risques. Face aux défis du monde, l'immobilisme est délétère, Jésus invite chacun à agir de façon inventive dès maintenant. ■

Roselyne Dupont-Roc, bibliste

SAMEDI 2 SEPTEMBRE 2023

Bienheureuse Vierge Marie

Couleur liturgique : blanc ou vert

Les samedis du temps ordinaire sans mémoire obligatoire, on peut faire mémoire de la Vierge Marie, selon une tradition qui honore la foi et l'espérance sans défaut de Marie le Samedi saint.

Antienne d'ouverture
Bienheureuse es-tu, Vierge Marie :
tu as porté le Créateur de l'univers,
tu as mis au monde celui qui t'a faite,
et tu demeures toujours vierge.

Prière
Dieu de miséricorde, viens au secours de notre faiblesse : puisque nous faisons mémoire de la sainte Mère de Dieu, fais que, soutenus par son intercession, nous soyons relevés de nos péchés. Par Jésus Christ… — **Amen.**

OU

Que vienne à notre aide, Seigneur, nous t'en prions, l'admirable intercession de la bienheureuse Marie toujours vierge ; qu'elle nous obtienne la joie de vivre dans la paix que tu nous donnes, délivrés de tout péril. Par Jésus Christ… — **Amen.**

Prière sur les offrandes
En rendant hommage à la Mère de ton Fils, Seigneur, nous te supplions : que le sacrifice offert en ce jour fasse de nous, par le don de ta grâce, une éternelle offrande à ta gloire. Par le Christ, notre Seigneur. — **Amen.**

Préface de la Vierge Marie, p. 218.

Antienne de la communion
Le Puissant fit pour moi
des merveilles ; Saint est son nom.
(Lc 1, 49)

Prière après la communion
Tu nous as fait participer à la rédemption éternelle, et nous te prions, Seigneur : alors que nous faisons mémoire de la Mère de ton Fils, comble-nous de la plénitude de ta grâce, et fais-nous éprouver toujours davantage les effets du salut. Par le Christ, notre Seigneur. — **Amen.**

DIMANCHE 3 SEPTEMBRE 2023
22ᵉ DIMANCHE DU TEMPS ORDINAIRE
ANNÉE A – COULEUR LITURGIQUE : VERT

« Le Fils de l'homme va venir avec ses anges dans la gloire de son Père. »

Matthieu 16, 27

Par le baptême, l'amour de Dieu nous a saisis. Et chaque eucharistie nous rassemble pour le bénir, pour chanter sa louange. Par l'offrande sincère de nos vies, de nos cœurs, à l'exemple et à la suite du Christ sur le chemin de la vie, Dieu nous rend capables d'aimer. Sa tendresse ravive notre foi et notre joie de vivre en fils du même Père.

DIMANCHE 3 SEPTEMBRE 2023

RITES INITIAUX

Chant d'entrée (Suggestions p. 242)
OU
Antienne d'ouverture
Prends pitié de moi, Seigneur, car j'ai crié vers toi
tout le jour, toi qui es bon et qui pardonnes,
plein de miséricorde pour tous ceux qui t'appellent.
(cf. Ps 85, 3.5)

Suggestion de préparation pénitentielle (ou p. 210)
Frères et sœurs, reconnaissons humblement que nous nous détournons parfois de l'Évangile. Demandons pardon pour nos péchés.
   Seigneur Jésus, mort et ressuscité pour nous donner la vie, tu renouvelles nos cœurs. Prends pitié de nous.
   — *Prends pitié de nous.*
   Ô Christ, venu offrir le salut à tous les pécheurs, tu nous révèles la tendresse du Père. Prends pitié de nous.
   — *Prends pitié de nous.*
   Seigneur, toi qui viendras avec les anges dans la gloire du Père, tu affermis notre foi. Prends pitié de nous.
   — *Prends pitié de nous.*
Que Dieu tout-puissant nous fasse miséricorde ; qu'il nous pardonne nos péchés et nous conduise à la vie éternelle. — *Amen.*

DIMANCHE 3 SEPTEMBRE 2023

Gloire à Dieu (p. 212)

Prière
Dieu de l'univers, de qui vient tout don parfait, enracine en nos cœurs l'amour de ton nom ; augmente notre foi pour développer ce qui est bon en nous ; veille sur nous avec sollicitude, pour protéger ce que tu as fait grandir. Par Jésus… — **Amen.**

LITURGIE DE LA PAROLE

Lecture du livre du prophète Jérémie (20, 7-9)

« La parole du Seigneur attire sur moi l'insulte »

Seigneur, tu m'as séduit, et j'ai été séduit ; tu m'as saisi, et tu as réussi. À longueur de journée je suis exposé à la raillerie, tout le monde se moque de moi. Chaque fois que j'ai à dire la parole, je dois crier, je dois proclamer : « Violence et dévastation ! » À longueur de journée, la parole du Seigneur attire sur moi l'insulte et la moquerie. Je me disais : « Je ne penserai plus à lui, je ne parlerai plus en son nom. » Mais elle était comme un feu brûlant dans mon cœur, elle était enfermée dans mes os. Je m'épuisais à la maîtriser, sans y réussir.
– Parole du Seigneur.

DIMANCHE 3 SEPTEMBRE 2023

Psaume 62 (63)
℟ *Mon âme a soif de toi, Seigneur, mon Dieu !*

T. : AELF ; M. : G. Previdi ; Éd. : ADF.

Dieu, tu es mon Dieu, je te cherche dès l'aube :
mon âme a soif de toi ;
après toi languit ma chair,
terre aride, altérée, sans eau. ℟

Je t'ai contemplé au sanctuaire,
j'ai vu ta force et ta gloire.
Ton amour vaut mieux que la vie :
tu seras la louange de mes lèvres ! ℟

Toute ma vie je vais te bénir,
lever les mains en invoquant ton nom.
Comme par un festin je serai rassasié ;
la joie sur les lèvres, je dirai ta louange. ℟

Retrouvez
ce psaume sur le CD
"Les psaumes
de l'année A"

DIMANCHE 3 SEPTEMBRE 2023

Oui, tu es venu à mon secours :
je crie de joie à l'ombre de tes ailes.
Mon âme s'attache à toi,
ta main droite me soutient. ℟

Lecture de la lettre de saint Paul apôtre aux Romains (12, 1-2)
« Présentez votre corps en sacrifice vivant »

Je vous exhorte, frères, par la tendresse de Dieu, à lui présenter votre corps – votre personne tout entière –, en sacrifice vivant, saint, capable de plaire à Dieu : c'est là, pour vous, la juste manière de lui rendre un culte. Ne prenez pas pour modèle le monde présent, mais transformez-vous en renouvelant votre façon de penser pour discerner quelle est la volonté de Dieu : ce qui est bon, ce qui est capable de lui plaire, ce qui est parfait.
– Parole du Seigneur.

Acclamation de l'Évangile
Alléluia. Alléluia. Que le Père de notre Seigneur Jésus Christ ouvre à sa lumière les yeux de notre cœur, pour que nous percevions l'espérance que donne son appel. **Alléluia.**

DIMANCHE 3 SEPTEMBRE 2023

Al-lé-lu-ia, al-lé-lu-ia, al-lé-lu-ia!

Union Sainte-Cécile; M. : J. Gelineau; Psalmodie: P. Robert.

Évangile de Jésus Christ selon saint Matthieu (16, 21-27)
« Si quelqu'un veut marcher à ma suite, qu'il renonce à lui-même »

En ce temps-là, Jésus commença à montrer à ses disciples qu'il lui fallait partir pour Jérusalem, souffrir beaucoup de la part des anciens, des grands prêtres et des scribes, être tué, et le troisième jour ressusciter. Pierre, le prenant à part, se mit à lui faire de vifs reproches : « Dieu t'en garde, Seigneur ! cela ne t'arrivera pas. » Mais lui, se retournant, dit à Pierre : « Passe derrière moi, Satan ! Tu es pour moi une occasion de chute : tes pensées ne sont pas celles de Dieu, mais celles des hommes. »

Alors Jésus dit à ses disciples : « Si quelqu'un veut marcher à ma suite, qu'il renonce à lui-même, qu'il prenne sa croix et qu'il me suive. Car celui qui veut sauver sa vie la perdra, mais qui perd sa vie à cause de moi la trouvera. Quel avantage, en effet, un homme aura-t-il à gagner le monde entier, si c'est au prix de sa vie ? Et que

DIMANCHE 3 SEPTEMBRE 2023

pourra-t-il donner en échange de sa vie ? Car le Fils de l'homme va venir avec ses anges dans la gloire de son Père ; alors il rendra à chacun selon sa conduite. »

Homélie

Profession de foi (p. 213)

Suggestion de prière universelle

Le prêtre :
Forts de la parole de Dieu et sûrs de son amour, adressons au Père notre prière pour les femmes et les hommes de ce temps.
℟ *Écoute-nous, Seigneur, et viens sauver ton peuple !*

MNA n° 31.34.

Le diacre ou un lecteur :
Louange à toi, Père, pour la mission que le Christ a confiée à l'Église. Pour les ministres ordonnés, pour les religieux, pour tous ceux qui se consacrent à l'annonce de l'Évangile, nous te supplions. ℟

DIMANCHE 3 SEPTEMBRE 2023

Louange à toi, Père, alors que vient de s'ouvrir le Temps pour la Création. Pour les dirigeants des grandes nations appelés à prendre des décisions en matière de partage des richesses, nous te supplions. ℟

Louange à toi, Père, pour ton amour qui ne prend pas parti. Pour les personnes vivant en marge de la société et dans des conditions de vie inhumaines, avec le pape François, nous te supplions. ℟

Louange à toi, Père, pour la Croix de ton Fils, signe indélébile de l'Alliance entre le ciel et la terre. Pour nous tous ici rassemblés, appelés à témoigner avec espérance, nous te supplions. ℟

(Ces intentions seront adaptées ou modifiées selon les circonstances.)

Le prêtre :

Regarde avec bonté, Dieu notre Père, le peuple qui se confie en ta miséricorde. Daigne écouter et exaucer toutes nos prières. Par le Christ, notre Seigneur. — ***Amen.***

LITURGIE EUCHARISTIQUE

Prière sur les offrandes

Que cette offrande sainte nous apporte à jamais, Seigneur, la bénédiction du salut, afin qu'elle donne toute sa force à ce qu'elle accomplit dans le sacrement. Par le Christ, notre Seigneur. — ***Amen.***

DIMANCHE 3 SEPTEMBRE 2023

Prière eucharistique *(Préface des dimanches, p. 217)*

Chant de communion *(Suggestions p. 242)*
OU
Antienne de la communion
Qu'ils sont grands, tes bienfaits, Seigneur !
Tu les réserves à ceux qui te craignent.
(Ps 30, 20)
OU
Heureux les artisans de paix, car ils seront appelés
fils de Dieu. Heureux ceux qui sont persécutés
pour la justice, car le royaume des Cieux est à eux.
(Mt 5, 9-10)

Prière après la communion
Rassasiés par le pain reçu à la table du ciel, nous te prions, Seigneur : que cette nourriture fortifie en nos cœurs la charité, et nous stimule à te servir dans nos frères. Par le Christ, notre Seigneur. — **Amen.**

RITE DE CONCLUSION

Bénédiction

Envoi

COMMENTAIRE DU DIMANCHE
Emmanuel Schwab, recteur du sanctuaire de Lisieux

À chacun sa croix

« Conduis-nous, par sa passion et par sa croix, à la gloire de sa résurrection. » C'est ainsi que prie celui qui récite l'Angélus, en s'adressant à Dieu notre Père. Par ailleurs, une hymne proposée au commun des vierges du bréviaire francophone s'exprime ainsi : « Vous savez bien le poids de nos échecs. Et la souffrance qui refuse la croix. »
Ces deux éléments de la prière de l'Église éclairent l'évangile de ce dimanche. La perspective de la croix nous pousse souvent à nous écrier avec Simon-Pierre : « Dieu nous en garde, Seigneur ! » Mais si nous regardons bien, la passion et la croix de Jésus sont le chemin qui le conduit à la plénitude de la vie. Comme des spéléologues pris au piège des eaux souterraines qui montent et qui sauraient que leur seule porte de sortie serait de ramper par •••

DIMANCHE 3 SEPTEMBRE 2023

••• un étroit goulet de plusieurs mètres de long pour parvenir à la surface, en Jésus, nous contemplons que le chemin menant à la vie de la résurrection passe par la passion et par la croix.

Nos vies ne sont pas épargnées par la souffrance. Impossible en ce monde d'y échapper. Mais dans cette souffrance, l'homme peut accueillir la croix… ou pas. C'est-à-dire, pour reprendre les mots de saint Paul, « présenter [notre] corps – [notre] personne tout entière –, en sacrifice vivant, saint, capable de plaire à Dieu ». Ou, pour le dire autrement, continuer, dans la souffrance, de croire, d'espérer et d'aimer.

Puisque Jésus m'appelle à renoncer à moi-même,
à prendre ma croix et à le suivre, est-ce que je lui en demande la grâce dans ma prière ?

Qaund je souffre, est-ce que je demande la grâce de persévérer dans la foi, l'espérance et la charité ? ■

DIMANCHE 3 SEPTEMBRE 2023

LIRE L'ÉVANGILE AVEC LES ENFANTS

CE QUE JE DÉCOUVRE

C'est la rentrée des classes. À l'école, tu vas encore apprendre plein de choses. Mais pour cela, tu devras réviser tes leçons, faire des exercices… Cela demande des efforts. **Aimer aussi demande parfois des efforts, car notre cœur n'est pas toujours prêt.** Quand Jésus annonce qu'il va « souffrir beaucoup » par amour pour nous, Pierre refuse de l'accepter. Aimer n'est pas toujours facile, mais Jésus nous aide, il nous donne du courage et de la force.

CE QUE JE VIS

Peux-tu citer deux gestes d'amour qui t'ont demandé un effort ?
Après ces gestes, étais-tu heureux ? Pourquoi ?
Prie devant une croix : « Jésus, apprends-moi à aimer. »

Texte : Pierre-Marie Leroy. Illustrations : Marcelino Truong

DIMANCHE 3 SEPTEMBRE 2023

MÉDITATION BIBLIQUE
22ᴱ DIMANCHE DU TEMPS ORDINAIRE
Lettre de saint Paul aux Romains 12, 1-2

Se laisser transformer

Les versets du chapitre 12 de la lettre aux Romains, lus ce jour, sont centrés sur la mise en œuvre au quotidien de la grâce de Dieu dont il a été question dans les chapitres précédents. Savoir que « rien ne pourra nous séparer de l'amour de Dieu » (Rm 8, 39) n'est pas sans impact sur notre relation à lui, à nous-mêmes, aux autres.

Le temps de la préparation

« Guide-moi sur la voie de tes volontés, là, je me plais. » (Ps 118, 35)

Le temps de l'observation

Paul n'a cessé d'évoquer l'amour gratuit de Dieu pour une humanité qui s'est éloignée de lui. Un amour qui éveille le désir d'une réponse, laquelle est motivée par cette finalité : « plaire » à Dieu. Il ne s'agit pas là d'une morale du devoir mais de l'amour qui naît d'un émerveillement et de cette confusion qu'engendre la conscience d'être aimé. Cette réponse consiste à ne pas « prendre pour modèle le monde présent », ses valeurs centrées sur l'avoir, le pouvoir, le paraître, la satisfaction des pulsions et l'instrumentalisation de soi et d'autrui.

DIMANCHE 3 SEPTEMBRE 2023

Elle consiste aussi à se transformer dans la façon d'évaluer la réalité et à acquérir ainsi le discernement. Ce qui revient à laisser le champ libre à l'Esprit et à collaborer à son action. Si le terme de « sacrifice » nous gêne, arrêtons-nous aux deux adjectifs qui lui sont accolés : « vivant, saint ». Voilà qui fait écho au livre du Deutéronome : « Aimer le Seigneur de tout son cœur, de toute son âme, de toute sa force » (Dt 6, 5).

Le temps de la méditation

Notre méditation peut nous porter vers l'unification de nos forces vives. S'offrir à Dieu sur le simple plan du faire n'est pas suffisant, pas plus que de s'offrir dans les seuls moments de prière et d'adoration. Lui rendre un culte suppose l'investissement de tout notre être et dans toutes les dimensions de notre vie. Nous sommes également incités à découvrir que ce qui plaît à Dieu peut aussi nous plaire. Comme le psalmiste, nous pouvons trouver notre joie dans la voie de ses volontés : volonté de vie, de fructification de nos talents, avec ce que cela implique de purifications et de choix, lesquels ne vont pas sans renoncements. Enfin, nous pouvons-nous demander si nous vivons vraiment sous le regard de Dieu, si nous poursuivons un idéal du moi ou si nous cherchons à donner une réponse ajustée, libre et dilatante : « Comment rendrai-je au Seigneur tout le bien qu'il m'a fait ? » (Ps 115, 12).

Le temps de la prière

« Ta parole est la lumière de mes pas, la lampe de ma route. » (Ps 118, 105) ■
Emmanuelle Billoteau, ermite

DIMANCHE 3 SEPTEMBRE 2023

LE SAINT DU MOIS
6 SEPTEMBRE : BIENHEUREUX BERTRAND DE GARRIGUES (VERS 1190-1230)

Un saint Dominique « bis »

Au début du XIIIe siècle, le Midi de la France était ébranlé par l'essor de l'hérésie des cathares. Né près d'Uzès (Gard), Bertrand apprit qu'un certain Dominique de Guzman essayait de les convertir, non par la coercition ou la violence, mais par la prière, la prédication et l'exemple d'une vie pauvre. Cette « méthode évangélique » l'attira et, en 1215, il prit l'habit du tout nouvel ordre des Frères prêcheurs. Dès lors, le Languedocien devint le compagnon fidèle, l'homme de confiance de saint Dominique qui, en 1216, fit de lui le premier prieur du premier couvent dominicain : Saint-Romain de Toulouse. L'année suivante, il envoya Bertrand à Paris avec six autres frères afin d'y implanter l'ordre dominicain. Et, au printemps 1221, lors du deuxième chapitre général de Bologne, il appuya sa désignation comme premier provincial de Provence.

Apprécié de saint Dominique, frère Bertrand s'efforçait de suivre son exemple afin de devenir un véritable homme de Dieu. Comme le fondateur, Bertrand consacrait beaucoup de temps à la prière. Il se montrait sévère et exigeant envers lui-même, mais doux et compatissant envers les autres. Comme saint Dominique, Bertrand avait un sens aigu du péché et se lamentait souvent de ses imperfections. Ce qui amena Dominique à lui préconiser de moins pleurer sur ses propres péchés et davantage pour la conversion des pécheurs ! Comme son maître, Bertrand multiplia les prédications itinérantes dans le sud de la France, fonda des couvents et veilla sur les sœurs de Prouilhe (Aude), anciennes femmes cathares converties. Le 18 avril 1230, alors qu'il prêchait une retraite aux cisterciennes de l'abbaye de Bouchet (Drôme), Bertrand s'en alla rejoindre Dieu et le fondateur des Prêcheurs. Les vertus de ce « second saint Dominique » et les miracles qu'il avait opérés entraînèrent l'apparition d'un culte qui fut officialisé en 1881 par le pape Léon XIII. ∎ **Xavier Lecœur**

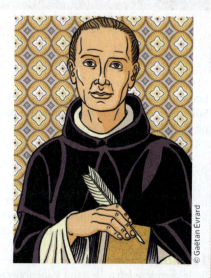

© Gaëtan Évrard

UN SAINT POUR AUJOURD'HUI

L'exemple de Bertrand de Garrigues nous rappelle qu'il est fructueux de chercher à imiter les saints. Ceux qui ont été canonisés bien sûr, mais aussi « les saints de la porte d'à côté qui s'efforcent d'appliquer l'Évangile dans leur vie normale de tous les jours » (pape François).

LUNDI 4 SEPTEMBRE 2023

22ᵉ SEMAINE DU TEMPS ORDINAIRE COULEUR LITURGIQUE : VERT

Temps ordinaire, suggestion d'oraisons et d'antiennes n° 11

Antienne d'ouverture
Écoute, Seigneur, ma voix qui t'appelle !
Sois mon secours, ne m'abandonne pas,
ne me délaisse pas, Dieu, mon salut !
(cf. Ps 26, 7.9)

Prière
Seigneur Dieu, force de ceux qui espèrent en toi, sois favorable à nos appels : puisque, mortels et fragiles, nous ne pouvons rien sans toi, donne-nous toujours le secours de ta grâce ; ainsi pourrons-nous, en observant tes commandements, vouloir et agir de manière à te plaire. Par Jésus… — ***Amen.***

Lecture
de la première lettre de saint Paul apôtre aux Thessaloniciens (4, 13-18)

« Ceux qui se sont endormis, Dieu, par Jésus, les emmènera avec lui »

Frères, nous ne voulons pas vous laisser dans l'ignorance au sujet de ceux qui se sont endormis dans la mort ; il ne faut pas que vous soyez abattus comme les autres, qui n'ont pas d'espérance. Jésus, nous le croyons, est mort et ressuscité ; de même, nous le croyons aussi, ceux qui se sont endormis, Dieu, par Jésus, les emmènera avec lui.

LUNDI 4 SEPTEMBRE 2023

Car, sur la parole du Seigneur, nous vous déclarons ceci : nous les vivants, nous qui sommes encore là pour la venue du Seigneur, nous ne devancerons pas ceux qui se sont endormis. Au signal donné par la voix de l'archange, et par la trompette divine, le Seigneur lui-même descendra du ciel, et ceux qui sont morts dans le Christ ressusciteront d'abord. Ensuite, nous les vivants, nous qui sommes encore là, nous serons emportés sur les nuées du ciel, en même temps qu'eux, à la rencontre du Seigneur. Ainsi, nous serons pour toujours avec le Seigneur. Réconfortez-vous donc les uns les autres avec ce que je viens de dire.
– Parole du Seigneur.

Psaume 95 (96)

℟ *Il vient, le Seigneur, il vient pour juger la terre.*

Chantez au Seigneur un chant nouveau,
chantez au Seigneur, terre entière,
chantez au Seigneur
    et bénissez son nom ! ℟

De jour en jour, proclamez son salut,
racontez à tous les peuples sa gloire,
à toutes les nations ses merveilles ! ℟

Il est grand, le Seigneur, hautement loué,
redoutable au-dessus de tous les dieux :
néant, tous les dieux des nations ! ℟

Joie au ciel ! Exulte la terre !
Les masses de la mer mugissent,
la campagne tout entière est en fête. ℟

Les arbres des forêts dansent de joie
devant la face du Seigneur, car il vient,
car il vient pour juger la terre. ℟

LUNDI 4 SEPTEMBRE 2023

Acclamation de l'Évangile
Alléluia. Alléluia. L'Esprit du Seigneur est sur moi : il m'a envoyé porter la Bonne Nouvelle aux pauvres. **Alléluia.**

Évangile de Jésus Christ
selon saint Luc (4, 16-30)

*« Il m'a envoyé porter la Bonne Nouvelle aux pauvres.
Aucun prophète ne trouve un accueil favorable dans son pays »*

En ce temps-là, Jésus vint à Nazareth, où il avait été élevé. Selon son habitude, il entra dans la synagogue le jour du sabbat, et il se leva pour faire la lecture. On lui remit le livre du prophète Isaïe. Il ouvrit le livre et trouva le passage où il est écrit : *L'Esprit du Seigneur est sur moi parce que le Seigneur m'a consacré par l'onction. Il m'a envoyé porter la Bonne Nouvelle aux pauvres, annoncer aux captifs leur libération, et aux aveugles qu'ils retrouveront la vue, remettre en liberté les opprimés, annoncer une année favorable accordée par le Seigneur.*

Jésus referma le livre, le rendit au servant et s'assit. Tous, dans la synagogue, avaient les yeux fixés sur lui. Alors il se mit à leur dire : « Aujourd'hui s'accomplit ce passage de l'Écriture que vous venez d'entendre. » Tous lui rendaient témoignage et s'étonnaient des paroles de grâce qui sortaient de sa bouche. Ils se disaient : « N'est-ce pas là le fils de Joseph ? » Mais il leur dit : « Sûrement vous allez me citer le dicton : "Médecin, guéris-toi toi-même", et me dire : "Nous avons appris tout ce qui s'est passé à Capharnaüm : fais donc de même ici dans ton lieu d'origine !" »

Puis il ajouta : « Amen, je vous le dis : aucun prophète ne trouve un accueil favorable dans son pays. En vérité, je vous le dis : Au temps du prophète Élie, lorsque pendant trois ans et demi le ciel retint la pluie, et qu'une grande famine se produisit sur toute la terre, il y avait beaucoup de veuves en Israël ; pourtant Élie ne fut envoyé vers aucune d'entre elles, mais bien dans la ville de Sarepta, au pays de Sidon, chez une veuve étrangère. Au temps du prophète Élisée, il y avait beaucoup de lépreux en Israël ; et aucun d'eux n'a été purifié, mais bien Naaman le Syrien. »

À ces mots, dans la synagogue, tous devinrent furieux. Ils se levèrent, poussèrent Jésus hors de la ville, et le menèrent jusqu'à un escarpement de la colline où leur ville est construite, pour le précipiter en bas. Mais lui, passant au milieu d'eux, allait son chemin.

Prière sur les offrandes
Seigneur Dieu, tu donnes à notre humanité la nourriture qui fortifie, et le sacrement qui renouvelle ; nous t'en prions : fais que ton secours ne manque jamais à nos corps et à nos esprits. Par le Christ, notre Seigneur. — **Amen.**

Antienne de la communion
J'ai demandé une chose au Seigneur,
la seule que je cherche :
habiter la maison du Seigneur
tous les jours de ma vie.
(Ps 26, 4)

OU
Père saint, garde mes disciples unis dans ton nom, le nom que tu m'as donné, pour qu'ils soient un, comme nous-mêmes, dit le Seigneur.
(Jn 17, 11)

LUNDI 4 SEPTEMBRE 2023

Prière après la communion
Cette communion à tes mystères, Seigneur, préfigure l'union des fidèles en toi ; fais qu'elle produise un fruit d'unité dans ton Église. Par le Christ, notre Seigneur. — *Amen.*

INVITATION

Je relis l'évangile du jour. Qu'est-ce qui me fait dire qu'aujourd'hui cette parole s'accomplit avec Jésus, grâce à l'action de l'Esprit Saint ?

COMMENTAIRE

Conduite accompagnée — Luc 4, 16-30

Luc est particulièrement attentif au rôle de l'Esprit, tant dans la vie du Christ (évangile) que dans celle des croyants (Actes des Apôtres). N'est-ce pas lui qui nous permet de discerner l'aujourd'hui de Dieu et de ne pas manquer nos « rendez-vous » avec lui à cause de ces préjugés qui faussent notre écoute de la Parole, des autres, de notre désir profond ? Ce qui suppose d'entreprendre, sous la conduite de l'Esprit, un travail sur nous-mêmes pour repérer nos chaînes et nos zones d'aveuglement. ∎

Emmanuelle Billoteau, ermite

MARDI 5 SEPTEMBRE 2023

22ᵉ SEMAINE DU TEMPS ORDINAIRE COULEUR LITURGIQUE : VERT

Temps ordinaire, *suggestion d'oraisons et d'antiennes n° 12*

Antienne d'ouverture
Le Seigneur est la force de son peuple,
le refuge et le salut de son messie.
Sauve ton peuple, Seigneur, bénis ton héritage,
et conduis-le à jamais.
(cf. Ps 27, 8-9)

Prière
Fais-nous vivre à tout moment, Seigneur, dans l'amour et le respect de ton saint nom, toi qui ne cesses jamais de guider ceux que tu enracines solidement dans ta charité. Par Jésus... — ***Amen.***

Lecture
de la première lettre de saint Paul apôtre aux Thessaloniciens (5, 1-6.9-11)

« Il est mort pour nous afin de nous faire vivre avec lui »

Pour ce qui est des temps et des moments de la venue du Seigneur, vous n'avez pas besoin, frères, que je vous en parle dans ma lettre. Vous savez très bien que le jour du Seigneur vient comme un voleur dans la nuit. Quand les gens diront : « Quelle paix ! quelle tranquillité ! », c'est alors que, tout à coup, la catastrophe s'abattra sur eux, comme les douleurs sur

MARDI 5 SEPTEMBRE 2023

la femme enceinte : ils ne pourront pas y échapper. Mais vous, frères, comme vous n'êtes pas dans les ténèbres, ce jour ne vous surprendra pas comme un voleur. En effet, vous êtes tous des fils de la lumière, des fils du jour ; nous n'appartenons pas à la nuit et aux ténèbres. Alors, ne restons pas endormis comme les autres, mais soyons vigilants et restons sobres. Car Dieu ne nous a pas destinés à subir la colère, mais à entrer en possession du salut par notre Seigneur Jésus Christ, mort pour nous afin de nous faire vivre avec lui, que nous soyons en train de veiller ou de dormir. Ainsi, réconfortez-vous mutuellement et édifiez-vous l'un l'autre, comme vous le faites déjà.

– Parole du Seigneur.

Psaume 26 (27)

℟ **J'en suis sûr, je verrai les bontés du Seigneur sur la terre des vivants.**

Le Seigneur est ma lumière et mon salut ;
de qui aurais-je crainte ?
Le Seigneur est le rempart de ma vie ;
devant qui tremblerais-je ? ℟

J'ai demandé une chose au Seigneur,
la seule que je cherche :
habiter la maison du Seigneur
tous les jours de ma vie,
pour admirer le Seigneur dans sa beauté
et m'attacher à son temple. ℟

J'en suis sûr, je verrai les bontés
    du Seigneur
sur la terre des vivants.
« Espère le Seigneur,
    sois fort et prends courage ;
espère le Seigneur. » ℟

MARDI 5 SEPTEMBRE 2023

Acclamation de l'Évangile
Alléluia. Alléluia. Un grand prophète s'est levé parmi nous, et Dieu a visité son peuple. ***Alléluia.***

Évangile de Jésus Christ
selon saint Luc (4, 31-37)

En ce temps-là, Jésus descendit à Capharnaüm, ville de Galilée, et il y enseignait, le jour du sabbat. On était frappé par son enseignement car sa parole était pleine d'autorité. Or, il y avait dans la synagogue un homme possédé par l'esprit d'un démon impur, qui se mit à crier d'une voix forte : « Ah ! que nous veux-tu, Jésus de Nazareth ? Es-tu venu pour nous perdre ? Je sais qui tu es : tu es le Saint de Dieu. » Jésus le menaça : « Silence ! Sors de cet homme. » Alors le démon projeta l'homme en plein milieu et sortit de lui sans lui faire aucun mal. Tous furent saisis d'effroi et ils se disaient entre eux : « Quelle est cette parole ? Il commande avec autorité et puissance aux esprits impurs, et ils sortent ! » Et la réputation de Jésus se propageait dans toute la région.

« Je sais qui tu es : tu es le Saint de Dieu »

Prière sur les offrandes
Accueille, Seigneur, le sacrifice de louange et de paix ; accorde-nous d'être purifiés par son action et de t'offrir un cœur qui te plaise. Par le Christ, notre Seigneur. — ***Amen.***

MARDI 5 SEPTEMBRE 2023

Antienne de la communion
Les yeux sur toi, tous, ils espèrent, Seigneur : tu leur donnes la nourriture au temps voulu. (Ps 144, 15)

OU

Je suis le bon pasteur, et je donne ma vie pour mes brebis, dit le Seigneur. (Jn 10, 11.15)

Prière après la communion
Nourris et renouvelés par le corps sacré et le sang précieux de ton Fils, nous implorons ta bonté, Seigneur : fais que, sûrs de la rédemption, nous possédions ce que nous aimons célébrer avec ferveur. Par le Christ, notre Seigneur. — *Amen.*

INVITATION

Puis-je être utile à ma paroisse cette année, donner un coup de main à une équipe particulière, ou m'inscrire à un groupe de partage ? Il est encore temps de me renseigner.

COMMENTAIRE

À l'aventure
Luc 4, 31-37

« Que nous veux-tu, Jésus de Nazareth ? » Les processus de libération et de guérison opérés par Jésus ne sont pas de tout repos pour les bénéficiaires, comme en témoigne l'évangile dans un langage qui n'est plus le nôtre. Mais qui n'a pas connu ces résistances intérieures aux changements, aux horizons ouverts par la Bonne Nouvelle ? D'où la fuite dans l'hyperactivité, la distraction… Car s'exposer à la parole de Dieu et prier nous entraîne dans une aventure risquée et inédite. ■

Emmanuelle Billoteau, ermite

MERCREDI 6 SEPTEMBRE 2023

22ᴱ SEMAINE DU TEMPS ORDINAIRE COULEUR LITURGIQUE : VERT

Temps ordinaire, *suggestion d'oraisons et d'antiennes n° 13*

Antienne d'ouverture
Tous les peuples, battez des mains, acclamez Dieu par vos cris de joie !
(Ps 46, 2)

Prière
Tu as voulu, Seigneur Dieu, que par la grâce de l'adoption filiale, nous devenions des enfants de lumière ; ne permets pas que nous soyons enveloppés des ténèbres de l'erreur, mais accorde-nous d'être toujours rayonnants dans la splendeur de ta vérité. Par Jésus… **— Amen.**

Lecture
de la lettre de saint Paul apôtre aux Colossiens (1, 1-8)

« La parole de vérité, l'Évangile, est parvenue jusqu'à vous, elle qui porte du fruit et progresse dans le monde entier »

Paul, apôtre du Christ Jésus par la volonté de Dieu, et Timothée notre frère, aux frères sanctifiés par la foi dans le Christ qui habitent Colosses. À vous, la grâce et la paix de la part de Dieu notre Père. Nous rendons grâce à Dieu, le Père de notre Seigneur Jésus Christ, en priant pour vous à tout moment. Nous avons entendu parler de votre

MERCREDI 6 SEPTEMBRE 2023

foi dans le Christ Jésus et de l'amour que vous avez pour tous les fidèles dans l'espérance de ce qui vous est réservé au ciel ; vous en avez déjà reçu l'annonce par la parole de vérité, l'Évangile qui est parvenu jusqu'à vous. Lui qui porte du fruit et progresse dans le monde entier, il fait de même chez vous, depuis le jour où vous avez reçu l'annonce et la pleine connaissance de la grâce de Dieu dans la vérité. Cet enseignement vous a été donné par Épaphras, notre cher compagnon de service, qui est pour vous un ministre du Christ digne de foi ; il nous a fait savoir de quel amour l'Esprit vous anime.
– Parole du Seigneur.

Psaume 51 (52)

℟ *Je compte sur la fidélité de mon Dieu, sans fin, à jamais !*

Pour moi, comme un bel olivier
dans la maison de Dieu,
je compte sur la fidélité de mon Dieu,
sans fin, à jamais ! ℟

Sans fin, je veux te rendre grâce,
car tu as agi.
J'espère en ton nom
    devant ceux qui t'aiment :
oui, il est bon ! ℟

Acclamation de l'Évangile

Alléluia. Alléluia. Le Seigneur m'a envoyé porter la Bonne Nouvelle aux pauvres, annoncer aux captifs leur libération. **Alléluia.**

MERCREDI 6 SEPTEMBRE 2023

Évangile de Jésus Christ

selon saint Luc (4, 38-44)

> *« Aux autres villes aussi, il faut que j'annonce la Bonne Nouvelle,
> car c'est pour cela que j'ai été envoyé »*

En ce temps-là, Jésus quitta la synagogue de Capharnaüm et entra dans la maison de Simon. Or, la belle-mère de Simon était oppressée par une forte fièvre, et on demanda à Jésus de faire quelque chose pour elle. Il se pencha sur elle, menaça la fièvre, et la fièvre la quitta. À l'instant même, la femme se leva et elle les servait. Au coucher du soleil, tous ceux qui avaient des malades atteints de diverses infirmités les lui amenèrent. Et Jésus, imposant les mains à chacun d'eux, les guérissait. Et même des démons sortaient de beaucoup d'entre eux en criant : « C'est toi le Fils de Dieu ! » Mais Jésus les menaçait et leur interdisait de parler parce qu'ils savaient, eux, que le Christ, c'était lui. Quand il fit jour, Jésus sortit et s'en alla dans un endroit désert. Les foules le cherchaient ; elles arrivèrent jusqu'à lui, et elles le retenaient pour l'empêcher de les quitter. Mais il leur dit : « Aux autres villes aussi, il faut que j'annonce la Bonne Nouvelle du règne de Dieu, car c'est pour cela que j'ai été envoyé. » Et il proclamait l'Évangile dans les synagogues du pays des Juifs.

Prière sur les offrandes

Seigneur Dieu, dans ta bonté, tu donnes à tes mystères de produire leurs effets ; nous t'en prions : que notre liturgie soit accordée à la sainteté de ces dons. Par le Christ, notre Seigneur. — **Amen.**

MERCREDI 6 SEPTEMBRE 2023

Antienne de la communion
Bénis le Seigneur, ô mon âme,
bénis son nom très saint,
tout mon être ! (Ps 102, 1)
OU
Père, je te prie pour eux : qu'ils soient un en nous, eux aussi, pour que le monde croie que tu m'as envoyé, dit le Seigneur. (cf. Jn 17, 20-21)

Prière après la communion
Nous t'en prions, Seigneur, donne-nous d'être vivifiés par le sacrifice divin que nous avons offert et reçu en communion ; ainsi, reliés à toi par une charité qui ne passera jamais, nous porterons un fruit qui demeure pour toujours. Par le Christ, notre Seigneur.
— **Amen.**

INVITATION

À quel moment de ma journée puis-je m'isoler quelques instants pour prier ?

COMMENTAIRE

Droit de retrait Luc 4, 38-44

« Jésus sortit et s'en alla dans un endroit désert. » Nous avons l'habitude de regarder Jésus dans l'exercice de sa prédication, dans son ministère de guérison et d'exorcisme, mais peut-être moins dans ses retraits, alors même que les foules le réclament. Ces retraits sont consacrés à la prière, comme Luc nous le précise (Lc 5, 16 ; 6, 12). Voilà qui nous ouvre à la manière juste de poser nos engagements et de les remettre au Père, ainsi qu'au primat d'une relation amoureuse et gratuite avec le Seigneur. ■

Emmanuelle Billoteau, ermite

JEUDI 7 SEPTEMBRE 2023

22ᵉ SEMAINE DU TEMPS ORDINAIRE COULEUR LITURGIQUE : VERT

Temps ordinaire, *suggestion d'oraisons et d'antiennes n° 14*

Antienne d'ouverture

**Dieu, nous accueillons ta miséricorde au milieu de ton temple.
Ta louange, comme ton nom, Seigneur Dieu,
couvre l'étendue de la terre. Ta main droite est pleine de justice.**
(cf. Ps 47, 10-11)

Prière

Seigneur Dieu, par l'abaissement de ton Fils, tu as relevé le monde déchu ; donne à tes fidèles une joie sainte : tu les as tirés de l'esclavage du péché ; fais-leur connaître le bonheur éternel. Par Jésus… — ***Amen.***

Lecture

de la lettre de saint Paul apôtre aux Colossiens (1, 9-14)

*« Nous arrachant au pouvoir des ténèbres,
il nous a placés dans le Royaume de son Fils bien-aimé »*

Frères, depuis le jour où nous avons entendu parler de vous, nous ne cessons pas de prier pour vous. Nous demandons à Dieu de vous combler de la pleine connaissance de sa volonté, en toute sagesse et intelligence spirituelle. Ainsi votre conduite sera digne du Seigneur, et capable de lui plaire en toutes choses ; par tout le bien que vous ferez, vous porterez

PRIONS EN ÉGLISE **53**

JEUDI 7 SEPTEMBRE 2023

du fruit et vous progresserez dans la vraie connaissance de Dieu. Vous serez fortifiés en tout par la puissance de sa gloire, qui vous donnera toute persévérance et patience. Dans la joie, vous rendrez grâce à Dieu le Père, qui vous a rendus capables d'avoir part à l'héritage des saints, dans la lumière. Nous arrachant au pouvoir des ténèbres, il nous a placés dans le Royaume* de son Fils bien-aimé : en lui nous avons la rédemption, le pardon des péchés.
– Parole du Seigneur.

Psaume 97 (98)

℟ Le Seigneur a fait connaître son salut.

Le Seigneur a fait connaître sa victoire
et révélé sa justice aux nations ;
il s'est rappelé sa fidélité, son amour,
en faveur de la maison d'Israël. ℟

La terre tout entière a vu
la victoire de notre Dieu.

Acclamez le Seigneur, terre entière,
sonnez, chantez, jouez ! ℟

Jouez pour le Seigneur sur la cithare,
sur la cithare et tous les instruments ;
au son de la trompette et du cor,
acclamez votre roi, le Seigneur ! ℟

Acclamation de l'Évangile

Alléluia. Alléluia. « Venez à ma suite, dit le Seigneur, et je vous ferai pêcheurs d'hommes. » ***Alléluia.***

JEUDI 7 SEPTEMBRE 2023

Évangile de Jésus Christ
selon saint Luc (5, 1-11)

« Laissant tout, ils le suivirent »

En ce temps-là, la foule se pressait autour de Jésus pour écouter la parole de Dieu, tandis qu'il se tenait au bord du lac de Génésareth. Il vit deux barques qui se trouvaient au bord du lac ; les pêcheurs en étaient descendus et lavaient leurs filets. Jésus monta dans une des barques qui appartenait à Simon, et lui demanda de s'écarter un peu du rivage. Puis il s'assit et, de la barque, il enseignait les foules. Quand il eut fini de parler, il dit à Simon : « Avance au large, et jetez vos filets pour la pêche. » Simon lui répondit : « Maître, nous avons peiné toute la nuit sans rien prendre ; mais, sur ta parole, je vais jeter les filets. » Et l'ayant fait, ils capturèrent une telle quantité de poissons que leurs filets allaient se déchirer. Ils firent signe à leurs compagnons de l'autre barque de venir les aider. Ceux-ci vinrent, et ils remplirent les deux barques, à tel point qu'elles enfonçaient. À cette vue, Simon-Pierre tomba aux genoux de Jésus, en disant : « Éloigne-toi de moi, Seigneur, car je suis un homme pécheur. » En effet, un grand effroi l'avait saisi, lui et tous ceux qui étaient avec lui, devant la quantité de poissons qu'ils avaient pêchés ; et de même Jacques et Jean, fils de Zébédée, les associés de Simon. Jésus dit à Simon : « Sois sans crainte, désormais ce sont des hommes que tu prendras. » Alors ils ramenèrent les barques au rivage et, laissant tout, ils le suivirent.

JEUDI 7 SEPTEMBRE 2023

Prière sur les offrandes
Puissions-nous être purifiés, Seigneur, par l'offrande consacrée à ton nom ; qu'elle nous conduise, de jour en jour, à vivre de la vie du ciel. Par le Christ, notre Seigneur. — **Amen.**

Antienne de la communion
Goûtez et voyez : le Seigneur est bon ! Heureux qui trouve en lui son refuge !
(Ps 33, 9)
OU
Venez à moi, vous tous qui peinez sous le poids du fardeau,
et moi, je vous procurerai le repos, dit le Seigneur.
(Mt 11, 28)

Prière après la communion
Comblés de si grands bienfaits, nous te supplions, Seigneur : fais que nous en retirions des fruits pour notre salut et que jamais nous ne cessions de chanter ta louange. Par le Christ, notre Seigneur. — **Amen.**

INVITATION
« Sur ta parole... » Comment ma confiance en Christ se manifeste-t-elle ? Quand est-ce que je lâche ma propre vision pour m'appuyer sur la sienne ?

JEUDI 7 SEPTEMBRE 2023

COMMENTAIRE

Une folie douce
Luc 5, 1-11

« La foule se pressait autour de Jésus », ce qui nous interroge. Sommes-nous de ceux qui se pressent autour de lui pour l'écouter ? Sommes-nous de ceux qui se risquent, sur sa parole, à avancer au large, hors des sentiers battus, en dépit des pressions sociales ou familiales – qu'il s'agisse de donner une place importante à la prière, d'une vie vécue dans la sobriété, le partage ou l'accueil… en bref, de ce qui peut paraître « folie » aux yeux du monde (cf. 1 Co 1, 27) ? ■

Emmanuelle Billoteau, ermite

✷ CLÉ DE LECTURE

« Nous a placés dans le Royaume »
Colossiens 1, 13 *(p. 54)*

Alors même que nous sommes plongés dans le monde de ce temps avec ses joies et ses angoisses, la lettre aux Colossiens affirme que Dieu nous a « placés » dans le Royaume de son Fils. On sait que le terme grec « basileia » désigne à la fois le Royaume avec sa dimension spatiale, le Règne et la Royauté, expressions du pouvoir et de sa présence active. Comment pouvons-nous être dans nos vies quotidiennes déjà « placés » dans le Royaume ou sous le Règne du Fils ? Peut-être faut-il noter que le verbe grec est composé avec une préposition qu'on peut traduire par « à travers, en passant vers ». Le Christ nous fait traverser notre temps et notre monde sous son autorité qui est d'amour, de libération et de pardon. À nous d'œuvrer pour vivre chaque instant sous son Règne. ■

Roselyne Dupont-Roc, bibliste

VENDREDI 8 SEPTEMBRE 2023

COULEUR LITURGIQUE : BLANC

Nativité de la bienheureuse Vierge Marie

Antienne d'ouverture

Célébrons dans la joie la naissance de la bienheureuse Vierge Marie : par elle s'est levé le soleil de justice, le Christ notre Dieu.

Gloire à Dieu (p. 212)

Prière

Ouvre à tes serviteurs les richesses de la grâce du ciel, Seigneur, nous t'en prions : puisque la maternité de la bienheureuse Vierge Marie fut à l'origine du salut, que la fête de sa Nativité nous apporte un surcroît de paix. Par Jésus... — ***Amen.***

Lectures propres à la fête de la Nativité de la bienheureuse Vierge Marie.

Lecture

du livre du prophète Michée (5, 1-4a)

« Jusqu'au jour où enfantera… celle qui doit enfanter »

Ainsi parle le Seigneur : Toi, Bethléem Éphrata, le plus petit des clans de Juda, c'est de toi que sortira pour moi celui qui doit gouverner Israël. Ses origines remontent aux temps anciens, aux jours d'autrefois. Mais Dieu livrera son peuple jusqu'au jour où enfantera… celle qui doit enfanter, et ceux de ses frères qui resteront rejoindront les

VENDREDI 8 SEPTEMBRE 2023

fils d'Israël. Il se dressera et il sera leur berger par la puissance du Seigneur, par la majesté du nom du Seigneur, son Dieu. Ils habiteront en sécurité, car désormais il sera grand jusqu'aux lointains de la terre, et lui-même, il sera la paix !
– Parole du Seigneur.

On peut aussi lire la lettre aux Romains 8, 28-30.

Psaume 12 (13)
℟ ***J'exulterai de joie en Dieu, mon Seigneur.***

Moi, je prends appui sur ton amour ;
que mon cœur ait la joie de ton salut ! ℟

Je chanterai le Seigneur
pour le bien qu'il m'a fait. ℟

Acclamation de l'Évangile
Alléluia. Alléluia. Heureuse es-tu, sainte Vierge Marie, tu es digne de toute louange : de toi s'est levé le soleil de justice, le Christ notre Dieu. ***Alléluia.***

Évangile de Jésus Christ
selon saint Matthieu (1, 1-16.18-23)
Lecture brève : 1, 18-23

« L'enfant qui est engendré en elle vient de l'Esprit Saint »

Généalogie de Jésus, Christ, fils de David, fils d'Abraham.
Abraham engendra Isaac, Isaac engendra Jacob, Jacob engendra Juda et ses frères, Juda, de son union avec Thamar, engendra Pharès et Zara, Pharès engendra Esrom, Esrom engendra Aram, Aram engendra

VENDREDI 8 SEPTEMBRE 2023

Aminadab, Aminadab engendra Naassone, Naassone engendra Salmone, Salmone, de son union avec Rahab, engendra Booz, Booz, de son union avec Ruth, engendra Jobed, Jobed engendra Jessé, Jessé engendra le roi David.

David, de son union avec la femme d'Ourias, engendra Salomon, Salomon engendra Roboam, Roboam engendra Abia, Abia engendra Asa, Asa engendra Josaphat, Josaphat engendra Joram, Joram engendra Ozias, Ozias engendra Joatham, Joatham engendra Acaz, Acaz engendra Ézékias, Ézékias engendra Manassé, Manassé engendra Amone, Amone engendra Josias, Josias engendra Jékonias et ses frères à l'époque de l'exil à Babylone. Après l'exil à Babylone, Jékonias engendra Salathiel, Salathiel engendra Zorobabel, Zorobabel engendra Abioud, Abioud engendra Éliakim, Éliakim engendra Azor, Azor engendra Sadok, Sadok engendra Akim, Akim engendra Élioud, Élioud engendra Éléazar, Éléazar engendra Mattane, Mattane engendra Jacob, Jacob engendra Joseph, l'époux de Marie, de laquelle fut engendré Jésus, que l'on appelle Christ.

Début de la lecture brève

Voici comment fut engendré Jésus Christ : Marie, sa mère, avait été accordée en mariage à Joseph ; avant qu'ils aient habité ensemble, elle fut enceinte par l'action de l'Esprit Saint. Joseph, son époux, qui était un homme juste, et ne voulait pas la dénoncer publiquement, décida de la renvoyer en secret.

Comme il avait formé ce projet, voici que l'ange du Seigneur lui apparut en songe et lui dit : « Joseph, fils de David, ne crains pas de prendre chez toi Marie, ton épouse, puisque l'enfant qui est engendré en elle vient de l'Esprit Saint ; elle enfantera un fils,

VENDREDI 8 SEPTEMBRE 2023

et tu lui donneras le nom de Jésus (c'est-à-dire : Le-Seigneur-sauve), car c'est lui qui sauvera son peuple de ses péchés. » Tout cela est arrivé pour que soit accomplie la parole du Seigneur prononcée par le prophète : *Voici que la Vierge concevra, et elle enfantera un fils ; on lui donnera le nom d'Emmanuel,* qui se traduit : « Dieu-avec-nous ».

Prière sur les offrandes
Dans son amour pour l'humanité, que ton Fils unique vienne à notre secours, Seigneur ; sa naissance n'a pas altéré mais consacré l'intégrité virginale de sa mère ; qu'il nous délivre de nos péchés et te rende agréable cette offrande. Lui qui... — **Amen.**

OU

En commémorant avec joie la Nativité de la bienheureuse Vierge Marie, nous te présentons, Seigneur, nos offrandes, et nous te prions humblement : que l'humanité de ton Fils, qui a daigné prendre chair de la Vierge, vienne à notre secours. Lui qui... — **Amen.**

Préface de la Vierge Marie, p. 218.

Antienne de la communion
Voici que la Vierge
enfantera un fils ;
c'est lui qui sauvera
son peuple de ses péchés.
(cf. Is 7, 14 ; Mt 1, 21)

VENDREDI 8 SEPTEMBRE 2023

Prière après la communion
Qu'exulte ton Église, Seigneur, elle dont tu as refait les forces par tes saints mystères, car elle se réjouit de la Nativité de la bienheureuse Vierge Marie qui fit lever sur le monde entier l'espérance et l'aurore du salut. Par le Christ, notre Seigneur.
— *Amen.*

INVITATION

Pour souhaiter un bon anniversaire à la Vierge Marie,
je peux lui adresser plusieurs Je vous salue Marie, dans une église,
ou chez moi en regardant ou en écoutant le chapelet de Lourdes.

COMMENTAIRE

Dieu, avec nous! Michée 5, 1-4a ; Matthieu 1, 1-16.18-23

La liturgie nous invite à méditer sur la relation entre promesse et accomplissement et, par là, à contempler la fidélité de Dieu à son propos de vie sur l'humanité. Chrétiens, nous reconnaissons en « celle qui doit enfanter », la mère de ce « berger » messianique que sera Jésus. Matthieu se situe dans cette même cohérence, faisant appel à l'oracle de l'Emmanuel (cf. Is 7, 14). Une expérience à faire que celle de la conduite de Dieu sur notre propre existence, aussi chaotique puisse-t-elle paraître ! ■

Emmanuelle Billoteau, ermite

SAMEDI 9 SEPTEMBRE 2023

22ᴇ SEMAINE DU TEMPS ORDINAIRE COULEUR LITURGIQUE : VERT

Temps ordinaire, *suggestion d'oraisons et d'antiennes nº 15*
ou **bienheureuse Vierge Marie,** *voir p. 23*
ou **saint Pierre Claver,** *voir p. 67*

Antienne d'ouverture
**Moi, par ta justice, je verrai ta face ;
quand ta gloire se manifestera, je serai rassasié.** (cf. Ps 16, 15)

Prière
Seigneur Dieu, tu montres aux égarés la lumière de ta vérité pour qu'ils puissent reprendre le bon chemin ; donne à tous ceux qui se déclarent chrétiens de rejeter ce qui est contraire à ce nom et de rechercher ce qui lui fait honneur. Par Jésus… — ***Amen.***

Lecture
de la lettre de saint Paul apôtre aux Colossiens (1, 21-23)

« *Dieu vous a réconciliés avec lui* »

Frères, vous étiez jadis étrangers à Dieu, et même ses ennemis, par vos pensées et vos actes mauvais. Mais maintenant, Dieu vous a réconciliés avec lui, dans le corps du Christ, son corps de chair, par sa mort, afin de vous introduire en sa présence, saints, immaculés, irréprochables. Cela se réalise si vous restez solidement fondés dans la foi, sans vous détourner* de l'espérance que vous avez reçue en écoutant l'Évangile proclamé à toute créature sous le ciel. De cet Évangile, moi, Paul, je suis devenu ministre.
– Parole du Seigneur.

SAMEDI 9 SEPTEMBRE 2023

Psaume 53 (54)

℟ Voici que Dieu vient à mon aide.

Par ton nom, Dieu, sauve-moi,
par ta puissance rends-moi justice ;
Dieu, entends ma prière,
écoute les paroles de ma bouche. ℟

Voici que Dieu vient à mon aide,
le Seigneur est mon appui entre tous.
De grand cœur, je t'offrirai le sacrifice,
je rendrai grâce à ton nom, car il est bon ! ℟

Acclamation de l'Évangile

Alléluia. Alléluia. Moi, je suis le Chemin, la Vérité et la Vie, dit le Seigneur. Personne ne va vers le Père sans passer par moi. ***Alléluia.***

Évangile de Jésus Christ

selon saint Luc (6, 1-5)

« Pourquoi faites-vous ce qui n'est pas permis le jour du sabbat ? »

Un jour de sabbat, Jésus traversait des champs ; ses disciples arrachaient des épis et les mangeaient, après les avoir froissés dans leurs mains. Quelques pharisiens dirent alors : « Pourquoi faites-vous ce qui n'est pas permis le jour du sabbat ? » Jésus leur répondit : « N'avez-vous pas lu ce que fit David un jour qu'il eut faim, lui-même et ceux qui l'accompagnaient ? Il entra dans la maison de Dieu, prit les pains de l'offrande, en mangea et en donna à ceux qui l'accompagnaient, alors que les prêtres seulement ont le droit d'en manger. » Il leur disait encore : « Le Fils de l'homme est maître du sabbat. »

SAMEDI 9 SEPTEMBRE 2023

Prière sur les offrandes
Regarde, Seigneur, les dons de l'Église qui te supplie : accorde à tes fidèles qui vont les recevoir la grâce d'une sainteté plus grande. Par le Christ, notre Seigneur. — **Amen.**

Antienne de la communion
Le passereau lui-même s'est trouvé une maison, et la tourterelle, un nid pour abriter sa couvée : tes autels, Seigneur de l'univers, mon Roi et mon Dieu ! Heureux les habitants de ta maison : ils te loueront pour les siècles des siècles. (cf. Ps 83, 4-5)
OU
Celui qui mange ma chair et boit mon sang demeure en moi, et moi, je demeure en lui, dit le Seigneur.
(Jn 6, 56)

Prière après la communion
Nous avons reçu tes bienfaits, Seigneur, et nous te supplions : chaque fois que nous célébrons ce mystère, fais grandir en nous ton œuvre de salut. Par le Christ, notre Seigneur. — **Amen.**

INVITATION
C'est le week-end, je me pose pour prendre un peu de recul.
Le Seigneur est-il là ? Je lui rends grâce.

SAMEDI 9 SEPTEMBRE 2023

COMMENTAIRE

Liberté et libération — Luc 6, 1-5

Jésus fait entendre une parole de liberté qui est aussi une parole de libération. Et cela, que nous soyons des personnes légalistes, perfectionnistes ou, au contraire, transgressives. La première étape consiste à nous interroger sur nos motivations profondes quand nous posons tel ou tel acte. La vérité ne nous rend-elle pas libres (cf. Jn 8, 32) ? Ne nous étonnons pas toutefois du caractère mêlé de ces motivations. Implorons plutôt le secours de l'Esprit, qui purifie et nous embrase au feu de l'amour. ■

Emmanuelle Billoteau, ermite

✣ CLÉ DE LECTURE

« Sans vous détourner » — Colossiens 1, 23 *(p. 63)*

L'auteur de la lettre aux Colossiens médite sur l'enseignement de Paul : par sa mort et sa résurrection, le Christ a réconcilié dans sa chair tous les êtres humains avec Dieu, il a réajusté chacun au projet de Dieu qui nous veut, à l'image du Fils, « saints, [...] irréprochables » devant lui. Dans la vie donnée du Christ, Dieu reconnaît désormais une humanité à son image, sainte et juste. Ne nous reste-t-il donc plus rien à faire ? Si, car il reste la part de l'humain, celle de notre liberté : tenir ferme dans la foi, ne pas nous laisser détourner de l'espérance. Les termes sont forts : demeurer « fondés », sans se laisser désajuster. L'espérance requiert aussi une persévérance qui nous garde, quoi qu'il arrive, dans l'assurance d'un amour que rien ne peut ébranler. ■

Roselyne Dupont-Roc, bibliste

SAMEDI 9 SEPTEMBRE 2023

Saint Pierre Claver

Couleur liturgique : blanc

XVIIe siècle. Jésuite catalan. Arrivé en Nouvelle-Grenade (actuelle Colombie) en 1610 et ordonné prêtre en 1616, il consacra sa vie aux esclaves noirs.

Antienne d'ouverture
Venez, les bénis de mon Père, dit le Seigneur. J'étais malade, et vous m'avez visité. Amen, je vous le dis : chaque fois que vous l'avez fait à l'un de ces plus petits de mes frères, c'est à moi que vous l'avez fait. (cf. Mt 25, 34.36.40)

Prière
Seigneur Dieu, tu as fait de saint Pierre Claver l'esclave des esclaves, et tu lui as donné la force de leur venir en aide avec une patience et une charité admirables ; accorde-nous, à son intercession, de rechercher ce qui plaît à Jésus Christ et d'aimer notre prochain en actes et en vérité. Par Jésus… — *Amen.*

Prière sur les offrandes
Accueille, Seigneur, les dons offerts par ton peuple ; et puisque nous rappelons l'œuvre d'amour infini accomplie par ton Fils, donne-nous, à l'exemple de saint Pierre Claver, d'être affermis dans notre amour pour toi et pour le prochain. Par le Christ, notre Seigneur. — *Amen.*

Antienne de la communion
Il n'y a pas de plus grand amour que de donner sa vie pour ses amis, dit le Seigneur. (cf. Jn 15, 13)

Prière après la communion
Tu as refait nos forces, Seigneur, par tes saints mystères, et nous te prions : donne-nous de suivre les exemples de saint Pierre Claver, qui te manifesta un attachement indéfectible, et servit ton peuple avec une charité sans limite. Par le Christ, notre Seigneur. — *Amen.*

DIMANCHE 10 SEPTEMBRE 2023
23ᴱ DIMANCHE DU TEMPS ORDINAIRE
ANNÉE A – COULEUR LITURGIQUE : VERT

« Quand deux ou trois sont réunis en mon nom, je suis là, au milieu d'eux. » Matthieu 18, 20

Nulle autre dette que l'amour. Pour vivre dans notre dignité d'enfants de Dieu, nous voilà invités à aimer comme Dieu et à vivre en frères. L'Évangile redit sans cesse l'importance de cette fraternité. Elle témoigne de l'amour dont nous sommes aimés. Que cette eucharistie nous affermisse dans la communion mutuelle, pour que le monde croie.

DIMANCHE 10 SEPTEMBRE 2023

RITES INITIAUX

Chant d'entrée (Suggestions p. 242)
OU
Antienne d'ouverture
Toi, tu es juste, Seigneur, tu es droit dans ton jugement.
Agis pour ton serviteur selon ta miséricorde.
(cf. Ps 118, 137.124a)

Suggestion de préparation pénitentielle (ou p. 210)
1re forme :
Unissons nos voix et nos cœurs pour demander au Père sa miséricorde :
Je confesse à Dieu tout-puissant…

Ou 3e forme avec la litanie Fils du Père éternel *(CNA 169) :*
Pour entrer dans cette célébration, demandons le pardon de nos péchés.
 Fils du Père éternel, envoyé non pour condamner le monde, mais pour le sauver. Kyrie, eleison. — **Kyrie, eleison.**
 Fils unique du Père, assis à la droite de Dieu, intercède sans cesse pour nous. Christe, eleison. — **Christe, eleison.**
 Premier-né d'une multitude de frères, restaure en nous la liberté de la gloire des enfants de Dieu. Kyrie, eleison. — **Kyrie, eleison.**
Que Dieu tout-puissant nous fasse miséricorde ; qu'il nous pardonne nos péchés et nous conduise à la vie éternelle. — **Amen.**

DIMANCHE 10 SEPTEMBRE 2023

Gloire à Dieu (p. 212)

Prière
Seigneur Dieu, par toi nous vient la rédemption, par toi nous est donnée l'adoption filiale ; dans ta bonté, regarde avec amour tes enfants ; à ceux qui croient au Christ, accorde la vraie liberté et la vie éternelle en héritage. Par Jésus… — **Amen.**

LITURGIE DE LA PAROLE

Lecture du livre du prophète Ézékiel (33, 7-9)

*« Si tu n'avertis pas le méchant,
c'est à toi que je demanderai compte de son sang »*

La parole du Seigneur me fut adressée : « Fils d'homme, je fais de toi un guetteur pour la maison d'Israël. Lorsque tu entendras une parole de ma bouche, tu les avertiras de ma part. Si je dis au méchant : "Tu vas mourir", et que tu ne l'avertisses pas, si tu ne lui dis pas d'abandonner sa conduite mauvaise, lui, le méchant, mourra de son péché, mais à toi, je demanderai compte de son sang. Au contraire, si tu avertis le méchant d'abandonner sa conduite, et qu'il ne s'en détourne pas, lui mourra de son péché, mais toi, tu auras sauvé ta vie. »
– Parole du Seigneur.

DIMANCHE 10 SEPTEMBRE 2023

Psaume 94 (95)

℟ *Aujourd'hui, ne fermez pas votre cœur,*
mais écoutez la voix du Seigneur !

T. : AELF ; M. : B. Delattre ; Éd. : ADF.

Venez, crions de joie pour le Seigneur,
acclamons notre Rocher, notre salut !
Allons jusqu'à lui en rendant grâce,
par nos hymnes de fête acclamons-le ! ℟

Entrez, inclinez-vous, prosternez-vous,
adorons le Seigneur qui nous a faits.
Oui, il est notre Dieu ;
nous sommes le peuple qu'il conduit. ℟

Retrouvez
ce psaume sur le CD
"Les psaumes
de l'année A"

DIMANCHE 10 SEPTEMBRE 2023

℟ *Aujourd'hui, ne fermez pas votre cœur,*
mais écoutez la voix du Seigneur !

Aujourd'hui écouterez-vous sa parole ?
« Ne fermez pas votre cœur comme au désert,
où vos pères m'ont tenté et provoqué,
et pourtant ils avaient vu mon exploit. » ℟

Lecture de la lettre de saint Paul apôtre aux Romains (13, 8-10)
« Celui qui aime les autres a pleinement accompli la Loi »

Frères, n'ayez de dette envers personne, sauf celle de l'amour mutuel, car celui qui aime les autres a pleinement accompli la Loi. La Loi dit : *Tu ne commettras pas d'adultère, tu ne commettras pas de meurtre, tu ne commettras pas de vol, tu ne convoiteras pas.* Ces commandements et tous les autres se résument dans cette parole : *Tu aimeras ton prochain comme toi-même.* L'amour ne fait rien de mal au prochain.
Donc, le plein accomplissement de la Loi, c'est l'amour.
– Parole du Seigneur.

Acclamation de l'Évangile
Alléluia. Alléluia. Dans le Christ, Dieu réconciliait le monde avec lui :
il a mis dans notre bouche la parole de la réconciliation. *Alléluia.*

DIMANCHE 10 SEPTEMBRE 2023

T. : AELF ; M. : P. Robert.

Évangile de Jésus Christ selon saint Matthieu (18, 15-20)

« S'il t'écoute, tu as gagné ton frère »

En ce temps-là, Jésus disait à ses disciples : « Si ton frère a commis un péché contre toi, va lui faire des reproches seul à seul. S'il t'écoute, tu as gagné ton frère. S'il ne t'écoute pas, prends en plus avec toi une ou deux personnes afin que toute l'affaire soit réglée sur la parole de deux ou trois témoins. S'il refuse de les écouter, dis-le à l'assemblée de l'Église ; s'il refuse encore d'écouter l'Église, considère-le comme un païen et un publicain. Amen, je vous le dis : tout ce que vous aurez lié sur la terre sera lié dans le ciel, et tout ce que vous aurez délié sur la terre sera délié dans

DIMANCHE 10 SEPTEMBRE 2023

le ciel. Et pareillement, amen, je vous le dis, si deux d'entre vous sur la terre se mettent d'accord pour demander quoi que ce soit, ils l'obtiendront de mon Père qui est aux cieux. En effet, quand deux ou trois sont réunis en mon nom, je suis là, au milieu d'eux. »

Homélie

Profession de foi (p. 213)

Suggestion de prière universelle

Le prêtre :
Dieu notre Père offre sa miséricorde à tous nos frères et sœurs. Prions-le, élargissons notre prière aux besoins de tous les hommes.
℟ *Écoute nos prières, Seigneur, exauce-nous !*

A 180 Éd. Pierre Zech ; T. : J.-P. Lécot ; M. : J.-S. Bach (Chants notés, t. 6, p. 36).

Le diacre ou un lecteur :
Pour l'Église qui annonce ta parole, pour les évêques et les prêtres, ministres de la réconciliation, Dieu de miséricorde, nous te prions. ℟

DIMANCHE 10 SEPTEMBRE 2023

Pour les personnes vivant en marge de la société, pour les victimes d'exclusion, de racisme, d'injustice, Dieu de bonté, avec toute l'Église, nous te prions. ℟

Pour les couples désunis, pour les familles en deuil, pour les malades et pour les personnes isolées, Dieu de tendresse, nous te prions. ℟

Pour nous ici rassemblés, pour les équipes cherchant à mieux mettre en œuvre la fraternité et la diaconie de l'Église, Dieu d'amour, nous te prions. ℟

(Ces intentions seront adaptées ou modifiées selon les circonstances.)

Le prêtre :

Seigneur Dieu, viens au secours de ton peuple qui espère en ta miséricorde. Daigne exaucer toutes ses prières, par le Christ, notre Seigneur. — ***Amen.***

LITURGIE EUCHARISTIQUE

Prière sur les offrandes

Seigneur Dieu, source de la piété véritable et de la paix, nous t'en prions, accorde-nous d'honorer dignement ta gloire par cette offrande ; que, dans la participation fidèle aux saints mystères, nous prenions davantage conscience de notre unité. Par le Christ, notre Seigneur. — ***Amen.***

DIMANCHE 10 SEPTEMBRE 2023

Prière eucharistique *(Préface des dimanches, p. 217)*

Chant de communion *(Suggestions p. 242)*
OU
Antienne de la communion
Comme un cerf altéré cherche la source des eaux,
ainsi mon âme te désire, toi, mon Dieu.
Mon âme a soif de Dieu, le Dieu vivant et fort. *(cf. Ps 41, 2-3)*
OU
Je suis la lumière du monde, dit le Seigneur,
celui qui me suit ne marchera pas dans les ténèbres,
il aura la lumière de la vie. *(Jn 8, 12)*

Prière après la communion
Par ta parole, Seigneur, et par le sacrement du ciel, tu nourris tes fidèles et tu les fais vivre : accorde-nous de si bien profiter de tels dons que nous soyons associés pour toujours à la vie de ton Fils bien-aimé. Lui qui… — **Amen.**

RITE DE CONCLUSION

Bénédiction

Envoi

DIMANCHE 10 SEPTEMBRE 2023

COMMENTAIRE DU DIMANCHE
Benoît Gschwind, prêtre assomptionniste

Le chemin du pardon

Pardonner n'est pas toujours facile ! Il faut du temps. Parfois beaucoup de temps ! Demander pardon n'est guère plus facile. Les textes de la liturgie de ce jour nous invitent à grandir en humanité, à avancer sur un chemin d'amour. « N'ayez de dette envers personne, sauf celle de l'amour mutuel, car celui qui aime les autres a pleinement accompli la Loi. » L'apôtre Paul n'y va pas par quatre chemins. C'est bien d'aimer qu'il s'agit. Aimer, c'est donner à l'autre l'espace de liberté qui lui permettra de devenir pleinement lui-même. Aimer conduit toujours avec patience et nécessité sur le chemin du pardon. Aimer, c'est reconnaître l'autre dans son altérité, dans ce qui le fait différent de moi. Quel intérêt avons-nous à pardonner si ce n'est de gagner un ami, un frère, si ce n'est tout simplement de •••

DIMANCHE 10 SEPTEMBRE 2023

••• chercher à aimer, et, surtout, d'aimer comme le Christ nous a aimés ? Sur le chemin du pardon, la place du dialogue est essentielle. L'évangile nous le rappelle. Tout doit être fait pour gagner un frère. L'écoute, la parole, le dialogue sont les clefs de toute réconciliation. Et si un tête-à-tête ne suffit pas, l'appel à témoin ou le recours à la communauté sont des pistes possibles. Le long chemin du pardon est une voie de guérison, de réparation, un chemin sur lequel le Christ marche avec nous pour nous libérer et nous ouvrir à la paix du cœur, au bonheur, à l'avenir !

Je suis déjà ressuscité avec le Christ ! Mais qu'est-ce que cela change pour moi d'être aimé ? d'aimer ? de pardonner ? d'être pardonné ?

Ai-je toujours conscience que ma manière d'être et de vivre fait de moi un témoin du Ressuscité ? ∎

DIMANCHE 10 SEPTEMBRE 2023

LIRE L'ÉVANGILE AVEC LES ENFANTS

CE QUE JE DÉCOUVRE

Jésus encourage ses disciples à vivre en frères, à s'écouter et se réconcilier. C'est important de se retrouver ensemble, avec des amis qui croient aussi en Jésus pour avancer dans la foi. **Sur le chemin de la vie chrétienne, on ne peut pas rester tout seul.** Et Jésus se tient au milieu de nous : « Quand deux ou trois sont réunis en mon nom, je suis là, au milieu d'eux. »

CE QUE JE VIS

T'es-tu déjà réconcilié avec un copain ?
Comment cela s'est-il passé ?
Comment faites-vous pour faire la paix ?
Sur un cœur en papier, écris les prénoms de ceux que tu confies à Jésus pour qu'ils se réconcilient. Dépose-le dans ton coin prière.

DIMANCHE 10 SEPTEMBRE 2023

MÉDITATION BIBLIQUE
23ᴇ DIMANCHE DU TEMPS ORDINAIRE
Livre d'Ézékiel 33, 7-9

Guetteur, où en est le jour ?

Seuls les guetteurs de lumière et d'amour sont en capacité de traduire la parole de Dieu.

Le temps de la préparation

« L'amour ne fait rien de mal au prochain. Donc, le plein accomplissement de la Loi, c'est l'amour. » (Rm 13, 10)

Le temps de l'observation

Les paroles adressées au prophète Ézékiel soulignent l'interdépendance radicale qui unit tout le peuple d'Israël. Chacun, ensemble, se situe sous la parole de Dieu. Chacun est responsable de ce qu'il entend, de ce qu'il comprend. Le guetteur est là pour signifier que Dieu n'est pas si loin, que la parole de Dieu ne se réduit pas à un message privé. Dieu parle à chacun et pour tous. La Parole est de l'ordre du bien commun, un souffle politique qui rappelle que la vie de l'autre n'est pas superflue. Ainsi, personne ne peut se réfugier dans son espace privatif après l'avoir entendu. Mais l'interdépendance de tous sous la Parole n'est pas si simple. Se soucier de l'existence de l'autre ne se résume pas à professer des menaces, des propos moralisateurs ou des mots usés. Il ne s'agit pas de lui répéter qu'il peut mourir. Cela, il le sait déjà. Il s'agit de trouver les mots pour lui dire que le jour n'est pas si loin de se lever.

Le temps de la méditation

Il n'est pas possible de sauver la vie de l'autre sans lui, sans sa participation. Il n'est pas possible non plus de le faire sans être soi-même très vivant. Le guetteur n'est pas un oiseau de mauvais augure qui prévoirait l'avenir de la vie des autres en surplombant la situation. Faisant cela, il rajouterait de l'obscurité à l'obscurité, de la mort à la mort. Le guetteur est plutôt du côté de l'attention à la lumière et à la vie. Il cherche sans relâche ce qui pourrait faire grandir le jour, ce qui pourrait aider la nuit de l'autre à se clore le plus rapidement possible. La personne qui entend la parole de Dieu a une responsabilité de plus concernant la vie de ses frères. Il ne peut plus s'éloigner de ce jour qui cherche à poindre. Être guetteur est une chance, un chemin de salut. Jésus incarnera cette Parole retraduite, adressée, soucieuse d'être, dans chacune des rencontres, au service de la lumière présente pour et en chaque personne.

Le temps de la prière

« Venez, crions de joie pour le Seigneur, acclamons notre Rocher, notre salut ! Allons jusqu'à lui en rendant grâce, par nos hymnes de fête acclamons-le ! » (Ps 94, 1-2) ■

Marie-Laure Durand, bibliste

DIMANCHE 10 SEPTEMBRE 2023

DES IMAGES POUR LA FOI
23ᵉ DIMANCHE DU TEMPS ORDINAIRE

La mission du guetteur

Si Dieu laisse entrevoir sa gloire à Ézékiel, c'est pour lui confier une mission auprès de son peuple. Une tâche parfois redoutable.

Dans de nombreuses bibles médiévales, le miniaturiste (le plus souvent un moine) ne se contente pas de mettre en valeur et de décorer la première lettre d'une page, il en fait un cadre pour évoquer un épisode de l'histoire biblique. Ézékiel est endormi et l'image nous montre ici ce qu'il voit en songe. À l'arrière-plan, une large tente au toit d'or nous rappelle celle où demeurait la gloire de Dieu durant l'Exode du peuple d'Israël (Ex 25 – 27). Sortant de la tente, un ange tend un cierge à Ézékiel. En lui transmettant le feu divin, le messager fait de l'homme un prophète, « un guetteur pour la maison d'Israël » (Ez 33, 7). Une mission parfois difficile : il lui faudra annoncer la ruine de Jérusalem et son abandon par la gloire du Seigneur (Ez 10 – 11) avant de rappeler sa présence auprès des exilés. Les « quatre Vivants », en qui la tradition chrétienne a vu l'annonce des quatre évangélistes, entourent la tente. Pour évoquer la puissance de la parole de Dieu, on fait appel à des êtres qui, chacun à sa manière, symbolisent la force : l'aigle, le taureau, le lion et l'homme. ■

Dominique Pierre, journaliste

DIMANCHE 10 SEPTEMBRE 2023

La vision du prophète Ézékiel : initiale de bible (XIIIe siècle), école des anciens Pays-Bas. Cabinet des dessins, musée du Louvre (Paris).

10 - 16

DIMANCHE 10 SEPTEMBRE 2023

Une prière de Ai Nguyen Chi, pour ce dimanche

Seigneur, tu es un frère parmi nous

Seigneur Jésus Christ, tu es le frère aîné d'une multitude.
Aide-nous à tisser des liens fraternels
avec ceux et celles que nous côtoyons au quotidien.
Garde-nous d'enfermer nos frères et sœurs
dans ce qu'ils font afin que nous puissions les voir
comme tu les vois, des êtres bien-aimés du Père.
Seigneur Jésus Christ, tu es un frère parmi nous.
Enseigne-nous à former notre identité à la lumière
de l'Évangile pour que nous te fassions connaître
par notre manière de vivre.
Quand tu t'abaisses par humilité, élève-nous dans la dignité.
Quand tu soutiens les gens pour les faire sortir
de leur condition de pécheurs,
fais-nous entrer dans l'ordre de ta grâce.
Car c'est en toi que nous devenons
les personnes que le Père désire.

LUNDI 11 SEPTEMBRE 2023

23ᵉ SEMAINE DU TEMPS ORDINAIRE COULEUR LITURGIQUE : VERT

Temps ordinaire, *suggestion d'oraisons et d'antiennes n° 16*

Antienne d'ouverture
**Voici que Dieu vient à mon aide,
le Seigneur est le soutien de mon âme.
De grand cœur, je t'offrirai le sacrifice,
je confesserai ton nom, car il est bon !** (cf. Ps 53, 6.8)

Prière
Sois favorable à tes fidèles, Seigneur, et, dans ta bonté, multiplie pour eux les dons de ta grâce, afin que, brûlant de charité, de foi et d'espérance, ils soient toujours vigilants pour garder tes commandements. Par Jésus… — **Amen.**

Lecture
de la lettre de saint Paul apôtre aux Colossiens (1, 24 – 2, 3)

*« De cette Église, je suis devenu ministre,
pour annoncer le mystère qui était caché depuis toujours »*

Frères, maintenant je trouve la joie dans les souffrances que je supporte pour vous ; ce qui reste à souffrir des épreuves du Christ dans ma propre chair, je l'accomplis pour son corps qui est l'Église. De cette Église, je suis devenu ministre, et la mission que Dieu m'a confiée, c'est de mener à bien pour vous l'annonce de sa parole, le mystère qui était

LUNDI 11 SEPTEMBRE 2023

caché depuis toujours à toutes les générations, mais qui maintenant a été manifesté à ceux qu'il a sanctifiés. Car Dieu a bien voulu leur faire connaître en quoi consiste la gloire sans prix de ce mystère* parmi toutes les nations : le Christ est parmi vous, lui, l'espérance de la gloire !

Ce Christ, nous l'annonçons : nous avertissons tout homme, nous instruisons chacun en toute sagesse, afin de l'amener à sa perfection dans le Christ. C'est pour cela que je m'épuise à combattre, avec la force du Christ dont la puissance agit en moi. Je veux en effet que vous sachiez quel dur combat je mène pour vous, et aussi pour les fidèles de Laodicée et pour tant d'autres qui ne m'ont jamais vu personnellement. Je combats pour que leurs cœurs soient remplis de courage et pour que, rassemblés dans l'amour, ils accèdent à la plénitude de l'intelligence dans toute sa richesse, et à la vraie connaissance du mystère de Dieu. Ce mystère, c'est le Christ, en qui se trouvent cachés tous les trésors de la sagesse et de la connaissance.

– Parole du Seigneur.

Psaume 61 (62)

℟ *En Dieu, mon salut et ma gloire !*

Je n'ai mon repos qu'en Dieu seul ;
oui, mon espoir vient de lui.
Lui seul est mon rocher, mon salut,
ma citadelle : je reste inébranlable. ℟

Comptez sur lui en tous temps,
vous, le peuple.
Devant lui épanchez votre cœur :
Dieu est pour nous un refuge. ℟

LUNDI 11 SEPTEMBRE 2023

Acclamation de l'Évangile
Alléluia. Alléluia. Mes brebis écoutent ma voix, dit le Seigneur ; moi, je les connais, et elles me suivent. ***Alléluia.***

Évangile de Jésus Christ
selon saint Luc (6, 6-11)

« Ils observaient Jésus pour voir s'il ferait une guérison le jour du sabbat »

Un jour de sabbat, Jésus était entré dans la synagogue et enseignait. Il y avait là un homme dont la main droite était desséchée. Les scribes et les pharisiens observaient Jésus pour voir s'il ferait une guérison le jour du sabbat ; ils auraient ainsi un motif pour l'accuser. Mais lui connaissait leurs raisonnements, et il dit à l'homme qui avait la main desséchée : « Lève-toi, et tiens-toi debout, là au milieu. » L'homme se dressa et se tint debout. Jésus leur dit : « Je vous le demande : Est-il permis, le jour du sabbat, de faire le bien ou de faire le mal ? de sauver une vie ou de la perdre ? » Alors, promenant son regard sur eux tous, il dit à l'homme : « Étends la main. » Il le fit, et sa main redevint normale. Quant à eux, ils furent remplis de fureur et ils discutaient entre eux sur ce qu'ils feraient à Jésus.

LUNDI 11 SEPTEMBRE 2023

Prière sur les offrandes
Seigneur Dieu, dans le sacrifice unique et parfait de ton Fils, tu as porté à leur achèvement les multiples sacrifices de l'ancienne Loi ; reçois maintenant le sacrifice offert par tes fidèles serviteurs et sanctifie-le comme tu as béni les présents d'Abel : que les dons offerts par chacun pour honorer ta gloire servent au salut de tous. Par le Christ, notre Seigneur. — **Amen.**

Antienne de la communion
Le Seigneur est tendresse et pitié ;
de ses merveilles il a laissé
un mémorial. Il a donné des vivres
à ceux qui le craignent. (cf. Ps 110, 4-5)
OU
Voici que je me tiens à la porte,
et je frappe, dit le Seigneur.
Si quelqu'un entend ma voix
et ouvre la porte, j'entrerai
chez lui ; je prendrai mon repas
avec lui, et lui avec moi. (Ap 3, 20)

Prière après la communion
Dans ta bienveillance, reste auprès de ton peuple, nous t'en prions, Seigneur ; puisque tu l'as initié aux sacrements du ciel, fais-le passer de ce qui est ancien à la vie nouvelle. Par le Christ, notre Seigneur. — **Amen.**

INVITATION
« Étends la main. » Dans ma prière, je peux tendre mes mains vers le Seigneur pour qu'il en fasse des instruments de paix, de service, de pardon.

LUNDI 11 SEPTEMBRE 2023

COMMENTAIRE

Bon et mauvais droit — Luc 6, 6-11

La question de Jésus semble purement rhétorique. D'ailleurs, personne n'y répond. Pourtant, elle interroge : le permis et le défendu sont-ils identiques au bien et au mal ? La réponse ne peut être purement verbale, elle se joue dans le quotidien des relations et des consciences. Tous regardent l'homme debout mais seul le regard de Jésus, qui se promène sur eux, a du poids. Lui seul peut vraiment nous guérir et nous libérer de l'intérieur. ■ *Nicolas Tarralle, prêtre assomptionniste*

✣ CLÉ DE LECTURE

« Ce mystère » — Colossiens 2, 2 *(p. 86)*

Paul avait introduit le terme de « mystère », emprunté aux cultes initiatiques des Grecs. Il y voyait le déploiement du dessein de Dieu dans l'histoire, culminant dans le Christ crucifié et ressuscité qui nous associe à sa mort et à sa gloire (1 Co 2, 7-8). La lettre aux Colossiens élargit encore le regard : en Christ, le dessein de Dieu ne cesse de se révéler. Vers lui convergent tout ce qui est beau et bon dans l'humanité, la richesse des sagesses, des philosophies, des quêtes religieuses et des avancées de la connaissance. La plénitude et la perfection de l'immense diversité de ces germes de vie que Dieu a semés dans l'humanité conduisent à lui. Et tout cela nous aide à découvrir et à accueillir un peu mieux chaque jour ce qui fait le mystère inouï du Christ. ■ *Roselyne Dupont-Roc, bibliste*

MARDI 12 SEPTEMBRE 2023

23ᴇ SEMAINE DU TEMPS ORDINAIRE COULEUR LITURGIQUE : VERT

Temps ordinaire, *suggestion d'oraisons et d'antiennes nº 17*
ou **Saint Nom de Marie**, *voir p. 95*

Antienne d'ouverture
**Dieu se tient dans sa sainte demeure ;
Dieu fait habiter les siens unanimes dans sa maison :
c'est lui qui donne à son peuple force et puissance.**
(cf. Ps 67, 6-7.36)

Prière
Tu protèges, Seigneur Dieu, ceux qui espèrent en toi ; sans toi, rien n'est fort et rien n'est saint : multiplie pour nous les signes de ta miséricorde, afin que, sous ta conduite et sous ta direction, en faisant un bon usage des biens qui passent, nous puissions déjà nous attacher à ceux qui demeurent. Par Jésus… **— Amen.**

Lecture

de la lettre de saint Paul apôtre aux Colossiens (2, 6-15)

« Dieu vous a donné la vie avec le Christ : il nous a pardonné toutes nos fautes »

Frères, menez votre vie dans le Christ Jésus, le Seigneur, tel que vous l'avez reçu. Soyez enracinés, édifiés en lui, restez fermes dans la foi, comme on vous l'a enseigné ; soyez débordants d'action de grâce. Prenez garde à ceux qui veulent faire de vous leur proie par une philosophie vide

MARDI 12 SEPTEMBRE 2023

et trompeuse, fondée sur la tradition des hommes, sur les forces qui régissent le monde, et non pas sur le Christ. Car en lui, dans son propre corps, habite toute la plénitude de la divinité. En lui, vous êtes pleinement comblés, car il domine toutes les Puissances de l'univers. En lui, vous avez reçu une circoncision qui n'est pas celle que pratiquent les hommes, mais celle qui réalise l'entier dépouillement de votre corps de chair ; telle est la circoncision qui vient du Christ. Dans le baptême, vous avez été mis au tombeau avec lui et vous êtes ressuscités avec lui par la foi en la force de Dieu qui l'a ressuscité d'entre les morts. Vous étiez des morts, parce que vous aviez commis des fautes et n'aviez pas reçu de circoncision dans votre chair.

Mais Dieu vous a donné la vie avec le Christ : il nous a pardonné toutes nos fautes. Il a effacé le billet de la dette qui nous accablait en raison des prescriptions légales pesant sur nous : il l'a annulé en le clouant à la croix. Ainsi, Dieu a dépouillé les Puissances de l'univers ; il les a publiquement données en spectacle et les a traînées dans le cortège triomphal du Christ.
– Parole du Seigneur.

10-16

Psaume 144 (145)

℞ *La bonté du Seigneur est pour tous.*

Je t'exalterai, mon Dieu, mon Roi,
je bénirai ton nom toujours et à jamais !
Chaque jour je te bénirai,
je louerai ton nom toujours et à jamais. ℞

Le Seigneur est tendresse et pitié,
lent à la colère et plein d'amour ;
la bonté du Seigneur est pour tous,
sa tendresse, pour toutes ses œuvres. ℞

MARDI 12 SEPTEMBRE 2023

Que tes œuvres, Seigneur, te rendent grâce et que tes fidèles te bénissent ! Ils diront la gloire de ton règne, ils parleront de tes exploits. ℟

Acclamation de l'Évangile
Alléluia. Alléluia. C'est moi qui vous ai choisis, afin que vous alliez, que vous portiez du fruit, et que votre fruit demeure, dit le Seigneur. **Alléluia.**

Évangile de Jésus Christ
selon saint Luc (6, 12-19)

« Il passa toute la nuit à prier Dieu. Il appela ses disciples et en choisit douze auxquels il donna le nom d'Apôtres »

En ces jours-là, Jésus s'en alla dans la montagne pour prier, et il passa toute la nuit à prier Dieu. Le jour venu, il appela ses disciples et en choisit douze auxquels il donna le nom d'Apôtres : Simon, auquel il donna le nom de Pierre, André son frère, Jacques, Jean, Philippe, Barthélemy, Matthieu, Thomas, Jacques fils d'Alphée, Simon appelé le Zélote, Jude fils de Jacques, et Judas Iscariote, qui devint un traître. Jésus descendit de la montagne avec eux et s'arrêta sur un terrain plat. Il y avait là un grand nombre de ses disciples et une grande multitude de gens venus de toute la Judée, de Jérusalem, et du littoral de Tyr et de Sidon. Ils étaient venus l'entendre et se faire guérir de leurs maladies ; ceux qui étaient tourmentés par des esprits impurs retrouvaient la santé. Et toute la foule cherchait à le toucher, parce qu'une force sortait de lui* et les guérissait tous.

MARDI 12 SEPTEMBRE 2023

Prière sur les offrandes
Accueille, nous t'en prions, Seigneur, les dons prélevés pour toi sur tes propres largesses ; que ces mystères très saints, où ta grâce opère avec puissance, sanctifient notre vie de tous les jours et nous conduisent aux joies éternelles. Par le Christ, notre Seigneur. — **Amen.**

Antienne de la communion
Bénis le Seigneur, ô mon âme,
n'oublie aucun de ses bienfaits.
(Ps 102, 2)
OU
Heureux les miséricordieux,
car ils obtiendront miséricorde.
Heureux les cœurs purs,
car ils verront Dieu. (Mt 5, 7-8)

Prière après la communion
Nous avons communié, Seigneur, au sacrement divin, mémorial à jamais de la passion de ton Fils ; nous t'en prions : fais servir à notre salut le don que lui-même nous a légué dans son amour inexprimable. Lui qui... — **Amen.**

INVITATION
Comment vais-je « toucher » Jésus aujourd'hui, à l'image de la foule de l'évangile ?

MARDI 12 SEPTEMBRE 2023

COMMENTAIRE

Une intimité salutaire — Luc 6, 12-19

Jésus passe toute la nuit sur la montagne à prier son Père. Le jour venu, il s'adjoint douze Apôtres. Puis il descend avec eux rejoindre les nombreux disciples. Ces derniers sont avec une multitude de gens, de la région et de l'étranger. Jésus lui-même les guérit et les apaise. Il attire à lui tous les hommes. Mais seuls les Apôtres et les disciples peuvent témoigner que sa force de salut vient de son intimité avec le Père. ■

Nicolas Tarralle, prêtre assomptionniste

✲ CLÉ DE LECTURE

« Une force sortait de lui » — Luc 6, 19 *(p. 92)*

Plutôt que par « force », il faut traduire par « puissance », « dynamisme ». Les évangiles ne connaissent pas le mot « miracle » et parlent de « dunamis », d'un « acte de puissance ». C'est le cas ici. Le risque est de transformer Jésus en une sorte de magicien manipulateur, comme il y en avait dans le monde gréco-romain. Mais, dans les évangiles et notamment chez Luc, le mot « dunamis » est constamment associé à l'Esprit Saint. Il est annoncé à Marie que viendra sur elle « l'Esprit Saint [...], la puissance du Très-Haut » (Lc 1, 35), aux disciples qu'ils seront « revêtus d'une puissance venue d'en haut » (Lc 24, 49). Jésus est habité de l'Esprit de Dieu, souffle créateur et sauveur, présence et puissance qui redonne l'élan et le courage de la vie à ceux qui l'ont perdu. ■

Roselyne Dupont-Roc, bibliste

MARDI 12 SEPTEMBRE 2023

Saint Nom de Marie

Couleur liturgique : blanc

Le nom hébreu de Marie signifie « dame » ou « souveraine ». Quelques jours après avoir célébré la Nativité de Marie, nous fêtons son Saint Nom et nous nous confions à son intercession.

Antienne d'ouverture
Bénie sois-tu, Vierge Marie,
par le Dieu Très-Haut,
plus que toutes les femmes
de la terre : il a si bien magnifié
ton nom, que jamais ta louange
ne quittera la bouche des hommes.
(cf. Jdt 13, 18-19)

Prière
Nous t'en prions, Dieu tout-puissant : que la bienheureuse Vierge Marie obtienne les bienfaits de ta miséricorde en faveur de tous ceux qui célèbrent son nom glorieux. Par Jésus Christ… — *Amen.*

Prière sur les offrandes
Que l'intercession de la bienheureuse Marie toujours vierge te recommande nos offrandes, Seigneur, et, en ce jour où nous vénérons son nom, qu'elle nous rende agréables à toi, Dieu de majesté. Par le Christ, notre Seigneur. — *Amen.*

Antienne de la communion
Tous les âges me diront
bienheureuse, car Dieu a regardé
son humble servante.
(cf. Lc 1, 48)

Prière après la communion
Puissions-nous, Seigneur, obtenir la grâce de ta bénédiction, par l'intercession de Marie, Mère de Dieu ; qu'en célébrant son nom avec honneur, nous recevions son secours dans toutes les difficultés de la vie. Par le Christ, notre Seigneur. — *Amen.*

MERCREDI 13 SEPTEMBRE 2023

23ᴱ SEMAINE DU TEMPS ORDINAIRE COULEUR LITURGIQUE : BLANC

Saint Jean Chrysostome
349-407. Patriarche de Constantinople, surnommé « bouche d'or » pour sa grande éloquence. Ayant déplu à l'impératrice Eudoxie, il fut condamné à l'exil. Docteur de l'Église.

Antienne d'ouverture
Ceux qui ont l'intelligence resplendiront comme la splendeur du firmament, et ceux qui sont des maîtres de justice pour la multitude brilleront comme les étoiles pour toujours et à jamais. (Dn 12, 3)

Prière
Seigneur Dieu, force de ceux qui espèrent en toi, tu as rendu illustre le bienheureux évêque Jean Chrysostome par une merveilleuse éloquence et par les épreuves qu'il a endurées ; accorde-nous la grâce de suivre ses enseignements pour avoir la force d'imiter sa patience inébranlable. Par Jésus… — **Amen.**

Lecture

de la lettre de saint Paul apôtre aux Colossiens (3, 1-11)

« Vous êtes passés par la mort avec le Christ en Dieu. Faites donc mourir en vous ce qui n'appartient qu'à la terre »

Frères, si vous êtes ressuscités avec le Christ, recherchez les réalités d'en haut : c'est là qu'est le Christ, assis à la droite de Dieu. Pensez aux réalités d'en haut, non à celles de la terre. En effet, vous êtes passés par la mort, et votre vie reste cachée avec le Christ en Dieu. Quand paraîtra le Christ, votre vie, alors vous aussi, vous paraîtrez avec lui dans la gloire. Faites

MERCREDI 13 SEPTEMBRE 2023

donc mourir en vous ce qui n'appartient qu'à la terre : débauche, impureté, passion, désir mauvais, et cette soif de posséder, qui est une idolâtrie. Voilà ce qui provoque la colère de Dieu contre ceux qui lui désobéissent, voilà quelle était votre conduite autrefois lorsque, vous aussi, vous viviez dans ces désordres. Mais maintenant, vous aussi, débarrassez-vous* de tout cela : colère, emportement, méchanceté, insultes, propos grossiers sortis de votre bouche. Plus de mensonge entre vous : vous vous êtes débarrassés de l'homme ancien qui était en vous et de ses façons d'agir, et vous vous êtes revêtus de l'homme nouveau qui, pour se conformer à l'image de son Créateur, se renouvelle sans cesse en vue de la pleine connaissance. Ainsi, il n'y a plus le païen et le Juif, le circoncis et l'incirconcis, il n'y a plus le barbare ou le primitif, l'esclave et l'homme libre ; mais il y a le Christ : il est tout, et en tous.

– Parole du Seigneur.

Psaume 144 (145)

℟ *La bonté du Seigneur est pour tous.*

Chaque jour je te bénirai,
je louerai ton nom toujours et à jamais.
Il est grand, le Seigneur, hautement loué ;
à sa grandeur, il n'est pas de limite. ℟

Que tes œuvres, Seigneur, te rendent grâce
et que tes fidèles te bénissent !

Ils diront la gloire de ton règne,
ils parleront de tes exploits. ℟

Ils annonceront aux hommes tes exploits,
la gloire et l'éclat de ton règne :
ton règne, un règne éternel,
ton empire, pour les âges des âges. ℟

MERCREDI 13 SEPTEMBRE 2023

Acclamation de l'Évangile
Alléluia. Alléluia. Réjouissez-vous, soyez dans l'allégresse, car votre récompense est grande dans les cieux ! **Alléluia.**

Évangile de Jésus Christ
selon saint Luc (6, 20-26)

« Heureux, vous les pauvres.
Mais quel malheur pour vous, les riches »

En ce temps-là, Jésus, levant les yeux sur ses disciples, déclara : « Heureux, vous les pauvres, car le royaume de Dieu est à vous. Heureux, vous qui avez faim maintenant, car vous serez rassasiés. Heureux, vous qui pleurez maintenant, car vous rirez. Heureux êtes-vous quand les hommes vous haïssent et vous excluent, quand ils insultent et rejettent votre nom comme méprisable, à cause du Fils de l'homme. Ce jour-là, réjouissez-vous, tressaillez de joie, car alors votre récompense est grande dans le ciel ; c'est ainsi, en effet, que leurs pères traitaient les prophètes.

« Mais quel malheur pour vous, les riches, car vous avez votre consolation ! Quel malheur pour vous qui êtes repus maintenant, car vous aurez faim ! Quel malheur pour vous qui riez maintenant, car vous serez dans le deuil et vous pleurerez ! Quel malheur pour vous lorsque tous les hommes disent du bien de vous ! C'est ainsi, en effet, que leurs pères traitaient les faux prophètes. »

MERCREDI 13 SEPTEMBRE 2023

Prière sur les offrandes
Daigne accepter, Seigneur Dieu, ce sacrifice que nous t'offrons de grand cœur, en faisant mémoire du bienheureux Jean Chrysostome : fidèles à son enseignement, nous voulons nous offrir tout entiers en célébrant ta louange. Par le Christ, notre Seigneur. — *Amen.*

Antienne de la communion
Nous proclamons le Christ crucifié, le Christ, puissance de Dieu et sagesse de Dieu.
(cf. 1 Co 1, 23.24)

Prière après la communion
Dieu de miséricorde, que les mystères auxquels nous avons communié, en faisant mémoire du bienheureux Jean Chrysostome, nous affermissent dans ton amour et fassent de nous les témoins fidèles de ta vérité. Par le Christ, notre Seigneur. — *Amen.*

INVITATION
Je suis invité, aujourd'hui, à faire un choix : le bonheur ou le malheur.
Je peux relire dans les évangiles la manière dont Jésus en parle.

MERCREDI 13 SEPTEMBRE 2023

COMMENTAIRE

Un manque à gagner — Luc 6, 20-26

Le corps peut être affamé mais nous croyons qu'il sera rassasié. Les sentiments peuvent être noyés dans les pleurs mais nous croyons qu'ils se transformeront en rires. Cette espérance des Béatitudes est l'enracinement « en nous » du royaume de Dieu. Il se déploie alors dans une béatitude sociale, économique et politique paradoxale : joie de percevoir « autour de nous » le royaume de Dieu dans la pauvreté et la persécution. ■

Nicolas Tarralle, prêtre assomptionniste

✣ CLÉ DE LECTURE

« Débarrassez-vous » — Colossiens 3, 8 *(p. 97)*

Ébloui par le don du baptême qui ouvre au chrétien une vie nouvelle, l'auteur de la lettre risque de nous entraîner trop loin : loin des réalités quotidiennes que nous affrontons, il incite à considérer que cette terre et le monde où nous vivons sont mauvais, entièrement voués au péché et au mal, et nous pousse à la rejeter. Or ce monde est bien celui que Dieu aime et veut sauver, et c'est de nos propres penchants au mal qu'il faut nous débarrasser. Le verbe à l'impératif montre bien que le baptême n'est pas un processus magique de transformation. C'est notre vieil homme qui doit se renouveler lentement, au jour le jour, pour revêtir, comme le vêtement blanc du baptême, tout au long de notre vie, l'homme nouveau qui est le Christ vivant en nous. ■

Roselyne Dupont-Roc, bibliste

JEUDI 14 SEPTEMBRE 2023

COULEUR LITURGIQUE : ROUGE

La Croix glorieuse

Antienne d'ouverture
Que notre seule fierté soit la croix de notre Seigneur Jésus Christ. En lui, nous avons le salut, la vie et la résurrection ; par lui, nous sommes sauvés et délivrés. (cf. Ga 6, 14)

Gloire à Dieu *(p. 212)*

Prière
Seigneur Dieu, tu as voulu qu'en acceptant la croix, ton Fils unique sauve l'humanité ; nous t'en prions : fais qu'ayant connu dès ici-bas ce mystère, nous obtenions au ciel les fruits de la rédemption. Par Jésus… — ***Amen.***

Lectures propres à la fête de la Croix glorieuse.

Lecture
du livre des Nombres (21, 4b-9)

« Celui qui regardait vers le serpent de bronze restait en vie ! »

En ces jours-là, en chemin à travers le désert, le peuple perdit courage. Il récrimina contre Dieu et contre Moïse : « Pourquoi nous avoir fait monter d'Égypte ? Était-ce pour nous faire mourir dans le désert, où il n'y a ni pain ni eau ? Nous sommes dégoûtés de cette nourriture

JEUDI 14 SEPTEMBRE 2023

misérable ! » Alors le Seigneur envoya contre le peuple des serpents à la morsure brûlante, et beaucoup en moururent dans le peuple d'Israël. Le peuple vint vers Moïse et dit : « Nous avons péché, en récriminant contre le Seigneur et contre toi. Intercède auprès du Seigneur pour qu'il éloigne de nous les serpents. » Moïse intercéda pour le peuple, et le Seigneur dit à Moïse : « Fais-toi un serpent brûlant, et dresse-le au sommet d'un mât : tous ceux qui auront été mordus, qu'ils le regardent, alors ils vivront ! » Moïse fit un serpent de bronze et le dressa au sommet du mât. Quand un homme était mordu par un serpent, et qu'il regardait vers le serpent de bronze, il restait en vie ! – Parole du Seigneur.

On peut aussi lire la lettre aux Philippiens 2, 6-11.

Psaume 77 (78)
℟ ***N'oubliez pas les exploits du Seigneur !***

Nous avons entendu et nous savons
ce que nos pères nous ont raconté ;
et nous redirons à l'âge qui vient
les titres de gloire du Seigneur. ℟

Quand Dieu les frappait, ils le cherchaient,
ils revenaient et se tournaient vers lui :
ils se souvenaient que Dieu est leur rocher,
et le Dieu Très-Haut, leur rédempteur. ℟

Mais de leur bouche ils le trompaient,
de leur langue ils lui mentaient.
Leur cœur n'était pas constant envers lui ;
ils n'étaient pas fidèles à son alliance. ℟

Et lui, miséricordieux,
au lieu de détruire, il pardonnait.
Il se rappelait : ils ne sont que chair,
un souffle qui s'en va sans retour. ℟

JEUDI 14 SEPTEMBRE 2023

Acclamation de l'Évangile
Alléluia. Alléluia. Nous t'adorons, ô Christ, et nous te bénissons : par ta Croix, tu as racheté le monde. ***Alléluia.***

Évangile de Jésus Christ
selon saint Jean (3, 13-17)

« Il faut que le Fils de l'homme soit élevé »

En ce temps-là, Jésus disait à Nicodème : « Nul n'est monté au ciel sinon celui qui est descendu du ciel, le Fils de l'homme. De même que le serpent de bronze fut élevé par Moïse dans le désert, ainsi faut-il que le Fils de l'homme soit élevé*, afin qu'en lui tout homme qui croit ait la vie éternelle. Car Dieu a tellement aimé le monde qu'il a donné son Fils unique, afin que quiconque croit en lui ne se perde pas, mais obtienne la vie éternelle. Car Dieu a envoyé son Fils dans le monde, non pas pour juger le monde, mais pour que, par lui, le monde soit sauvé. »

Prière sur les offrandes
Nous t'en supplions, Seigneur : que l'offrande du sacrifice nous purifie de tout péché, puisque, sur l'autel de la croix, elle a enlevé le péché du monde entier. Par le Christ, notre Seigneur. *— Amen.*

JEUDI 14 SEPTEMBRE 2023

Prière eucharistique
(Préface de la Croix glorieuse)
Vraiment, il est juste et bon, pour ta gloire et notre salut, de t'offrir notre action de grâce, toujours et en tout lieu, Seigneur, Père très saint, Dieu éternel et tout-puissant. Car tu as attaché au bois de la croix le salut du genre humain, pour que la vie surgisse à nouveau là où la mort avait pris naissance, et que l'Ennemi, victorieux sur le bois, fût à son tour vaincu sur le bois, par le Christ, notre Seigneur. Par lui, les anges célèbrent ta grandeur, et les esprits bienheureux adorent ta gloire ; par lui s'inclinent devant toi les puissances d'en haut, et tressaillent d'une même allégresse les innombrables créatures des cieux. À leur hymne de louange, laisse-nous joindre nos voix pour chanter et proclamer :
Saint ! Saint ! Saint…

Antienne de la communion
Quand j'aurai été élevé de terre, dit le Seigneur, j'attirerai à moi tous les hommes.
(Jn 12, 32)

Prière après la communion
Fortifiés par cette nourriture sainte, nous te supplions, Seigneur Jésus Christ : conduis à la gloire de la résurrection ceux que tu as rachetés par le bois de la croix qui fait vivre. Toi qui…
— *Amen.*

INVITATION
Et si je faisais le chemin de croix aujourd'hui, en cette fête de la Croix glorieuse ?

JEUDI 14 SEPTEMBRE 2023

COMMENTAIRE

Une croix sur la mort

Pour les Romains, la crucifixion que Jésus a subie était un châtiment honteux. Les chrétiens ont pourtant très tôt partagé le récit de sa Passion comme un fondement de leur foi en sa Résurrection. La Croix est le chemin emprunté par le Fils de Dieu pour passer de notre vie terrestre à la vie éternelle. La regarder, c'est voir sa victoire sur la mort. Aujourd'hui encore, elle nous dit la gloire d'un monde sauvé. Contemplons-la. ■

Nicolas Tarralle, prêtre assomptionniste

✣ CLÉ DE LECTURE

« Que le Fils de l'homme soit élevé » Jean 3, 14 *(p. 103)*

Une expression de la foi chrétienne si dense qu'elle est devenue pour nous sibylline. De quelle élévation s'agit-il ? La reprise de l'image du serpent élevé par Moïse devant les Israélites montre bien qu'il s'agit de guérir par le regard, ou plutôt de guérir le regard. Jésus, dans son humanité semblable à la nôtre, a été élevé sur la Croix, un supplice atroce et ignominieux. Mais en contemplant le Crucifié, nous sommes invités à reconnaître à la fois la cruauté humaine et la réponse de Dieu qui est de l'élever dans la gloire, lui, comme le Fils de l'homme qui vient nous juger. Alors nous pouvons comprendre que notre violence est pardonnée et entrer dans un chemin de transformation pour rejoindre celui qui a été élevé dans l'amour lumineux du Père. ■

Roselyne Dupont-Roc, bibliste

VENDREDI 15 SEPTEMBRE 2023

COULEUR LITURGIQUE : BLANC

Bienheureuse Vierge Marie des Douleurs
La pensée de Marie au pied de la Croix a aidé beaucoup de chrétiens à trouver un sens à leurs souffrances et à les assumer dans l'espérance d'une résurrection glorieuse.

Antienne d'ouverture
Syméon dit à Marie :
« Voici que cet enfant provoquera la chute
et le relèvement de beaucoup en Israël.
Il sera un signe de contradiction, et toi,
ton âme sera traversée d'un glaive. » (Lc 2, 34-35)

Prière
Seigneur Dieu, quand ton Fils fut élevé sur la Croix, tu as voulu que sa Mère, remplie de compassion, se tienne debout auprès de lui : accorde à ton Église de s'unir, elle aussi, à la passion du Christ, afin d'avoir part à sa résurrection. Lui qui… — *Amen.*

Lectures propres à la mémoire de la bienheureuse Vierge Marie des Douleurs.

Lecture
de la lettre aux Hébreux (5, 7-9)

« Il a appris l'obéissance et il est devenu la cause du salut éternel »

Le Christ, pendant les jours de sa vie dans la chair, offrit, avec un grand cri et dans les larmes, des prières et des supplications à Dieu qui pouvait le sauver de la mort, et il fut exaucé en raison de son grand

VENDREDI 15 SEPTEMBRE 2023

respect. Bien qu'il soit le Fils, il apprit par ses souffrances l'obéissance et, conduit à sa perfection, il est devenu pour tous ceux qui lui obéissent la cause du salut éternel.
– Parole du Seigneur.

Psaume 30 (31)
℟ *Sauve-moi, mon Dieu, par ton amour.*

En toi, Seigneur, j'ai mon refuge ;
garde-moi d'être humilié pour toujours.
Dans ta justice, libère-moi ;
écoute, et viens me délivrer. ℟

Sois le rocher qui m'abrite,
la maison fortifiée qui me sauve.
Ma forteresse et mon roc, c'est toi :
pour l'honneur de ton nom,
   tu me guides et me conduis. ℟

Tu m'arraches au filet qu'ils m'ont tendu ;
oui, c'est toi mon abri.
En tes mains je remets mon esprit ;
tu me rachètes, Seigneur, Dieu de vérité. ℟

Moi, je suis sûr de toi, Seigneur,
je dis : « Tu es mon Dieu ! »
Mes jours sont dans ta main :
   délivre-moi
des mains hostiles qui s'acharnent. ℟

Qu'ils sont grands, tes bienfaits !
Tu les réserves à ceux
   qui te craignent.
Tu combles, à la face du monde,
ceux qui ont en toi leur refuge. ℟

VENDREDI 15 SEPTEMBRE 2023

Acclamation de l'Évangile
Alléluia. Alléluia. Bienheureuse, Vierge Marie ! Près de la croix du Seigneur, sans connaître la mort elle a mérité la gloire du martyre. ***Alléluia.***

Évangile de Jésus Christ
selon saint Luc (2, 33-35)

« Ton cœur sera transpercé par une épée »

En ce temps-là, lorsqu'ils présentèrent Jésus au Temple, le père et la mère de l'enfant s'étonnaient de ce qui était dit de lui. Syméon les bénit, puis il dit à Marie sa mère : « Voici que cet enfant provoquera la chute et le relèvement de beaucoup en Israël. Il sera un signe de contradiction – et toi, ton âme sera traversée d'un glaive – : ainsi seront dévoilées les pensées qui viennent du cœur d'un grand nombre. »

On peut aussi lire l'Évangile selon saint Jean 19, 25-27.

Prière sur les offrandes
Pour la gloire de ton nom, Dieu de miséricorde, accepte les prières et les offrandes que nous te présentons en l'honneur de la bienheureuse Vierge Marie, puisque, dans ta bonté, tu as fait d'elle notre Mère très aimante quand elle se tenait debout près de la croix de Jésus. Lui qui… — ***Amen.***

Préface de la Vierge Marie, p. 218.

VENDREDI 15 SEPTEMBRE 2023

Antienne de la communion
Dans la mesure où vous communiez aux souffrances du Christ, réjouissez-vous, afin d'être dans la joie et l'allégresse quand sa gloire se révélera.
(cf. 1 P 4, 13)

Prière après la communion
Après avoir reçu le sacrement de l'éternelle rédemption, nous te supplions, Seigneur : en rappelant la compassion de la bienheureuse Vierge Marie, puissions-nous accomplir, pour l'Église, ce qui reste à souffrir en nous des épreuves du Christ. Lui qui... — **Amen.**

INVITATION

Je pourrais faire une lecture de la Passion de notre Seigneur Jésus Christ, en cette mémoire de Notre-Dame des Douleurs.

COMMENTAIRE

Le signe de la Croix Luc 2, 33-35

En bénissant la Sainte Famille, Syméon ne lui promet pas la tranquillité mais l'assure de la présence de Dieu à ses côtés. L'enfant dévoilera le projet d'amour de Dieu pour les hommes. Ils seront enthousiastes et hostiles. Le cœur transpercé de Marie est déjà orienté vers ce combat qui culmine sur la Croix. Il nous montre le lieu où la contradiction de nos cœurs est révélée à elle-même. La Croix est signe de bénédiction. ■

Nicolas Tarralle, prêtre assomptionniste

SAMEDI 16 SEPTEMBRE 2023

23ᴱ SEMAINE DU TEMPS ORDINAIRE COULEUR LITURGIQUE : ROUGE

Saint Corneille et saint Cyprien
IIIᵉ siècle. Corneille, pape de 251 à 253, et son ami Cyprien, évêque de Carthage et grand écrivain ecclésiastique, favorisèrent le pardon des chrétiens apostats mais repentis.

Antienne d'ouverture
Malheur sur malheur pour le juste, mais le Seigneur chaque fois le délivre. Il veille sur chacun de ses os : pas un ne sera brisé. (cf. Ps 33, 20-21)

Prière
Seigneur Dieu, tu as donné à ton peuple, dans les bienheureux Corneille et Cyprien, des pasteurs dévoués et d'invincibles martyrs ; par leur intercession, fortifie notre courage et notre foi, et accorde-nous de travailler avec empressement pour l'unité de l'Église. Par Jésus… — ***Amen.***

Lecture
de la première lettre de saint Paul apôtre à Timothée (1, 15-17)

« Le Christ Jésus est venu dans le monde pour sauver les pécheurs »

Bien-aimé, voici une parole digne de foi, et qui mérite d'être accueillie sans réserve : le Christ Jésus est venu dans le monde pour sauver les pécheurs ; et moi, je suis le premier des pécheurs. Mais s'il m'a été fait miséricorde, c'est afin qu'en moi le premier, le Christ Jésus montre toute sa patience, pour donner un exemple à ceux qui devaient croire en lui, en vue de la vie éternelle. Au roi des siècles, Dieu immortel, invisible et unique, Honneur et gloire pour les siècles des siècles ! Amen. – Parole du Seigneur.

SAMEDI 16 SEPTEMBRE 2023

Psaume 112 (113)

℟ *Béni soit le nom du Seigneur, maintenant et pour les siècles des siècles!*
OU *Alléluia!*

Louez, serviteurs du Seigneur,
louez le nom du Seigneur!
Béni soit le nom du Seigneur,
maintenant et pour les siècles
   des siècles! ℟

Du levant au couchant du soleil,
loué soit le nom du Seigneur!

Le Seigneur domine tous les peuples,
sa gloire domine les cieux. ℟

Qui est semblable au Seigneur notre Dieu?
Il abaisse son regard vers le ciel
   et vers la terre.
De la poussière il relève le faible,
il retire le pauvre de la cendre. ℟

Acclamation de l'Évangile
Alléluia. Alléluia. Si quelqu'un m'aime, il gardera ma parole, dit le Seigneur; mon Père l'aimera, et nous viendrons vers lui. *Alléluia.*

Évangile de Jésus Christ
selon saint Luc (6, 43-49)

*« Pourquoi m'appelez-vous en disant:
"Seigneur! Seigneur!" et ne faites-vous pas ce que je dis?»*

En ce temps-là, Jésus disait à ses disciples: « Un bon arbre ne donne pas de fruit pourri; jamais non plus un arbre qui pourrit ne donne de bon fruit. Chaque arbre, en effet, se reconnaît à son fruit: on ne

SAMEDI 16 SEPTEMBRE 2023

cueille pas des figues sur des épines ; on ne vendange pas non plus du raisin sur des ronces. L'homme bon tire le bien du trésor de son cœur qui est bon ; et l'homme mauvais tire le mal de son cœur qui est mauvais : car ce que dit la bouche, c'est ce qui déborde du cœur.

« Et pourquoi m'appelez-vous en disant : "Seigneur ! Seigneur !" et ne faites-vous pas ce que je dis ? Quiconque vient à moi, écoute mes paroles et les met en pratique, je vais vous montrer à qui il ressemble. Il ressemble à celui qui construit une maison. Il a creusé très profond et il a posé les fondations sur le roc. Quand est venue l'inondation, le torrent s'est précipité sur cette maison, mais il n'a pas pu l'ébranler parce qu'elle était bien construite. Mais celui qui a écouté et n'a pas mis en pratique ressemble à celui qui a construit sa maison à même le sol, sans fondations. Le torrent s'est précipité sur elle, et aussitôt elle s'est effondrée ; la destruction de cette maison a été complète. »

Prière sur les offrandes
Accepte, nous t'en prions, Seigneur, les offrandes que ton peuple te présente pour célébrer la passion de tes saints martyrs ; elles ont rendu les bienheureux Corneille et Cyprien courageux dans la persécution : qu'elles nous obtiennent aussi d'être fermes dans l'adversité. Par le Christ, notre Seigneur. — ***Amen.***

SAMEDI 16 SEPTEMBRE 2023

Antienne de la communion
Je vous le dis, à vous mes amis : ne craignez pas ceux qui vous persécutent. (cf. Lc 12, 4)
OU
Il n'y a pas de plus grand amour que de donner sa vie pour ses amis, dit le Seigneur. (cf. Jn 15, 13)

Prière après la communion
Par les mystères auxquels nous avons communié, nous te supplions, Seigneur : puissions-nous, à l'exemple des bienheureux martyrs Corneille et Cyprien, être forts de la force de ton Esprit, afin de rendre témoignage à la vérité de l'Évangile. Par le Christ, notre Seigneur. — **Amen.**

INVITATION

Saint Cyprien, fêté ce jour, est le patron de l'Afrique du Nord.
Je peux prier pour mes frères chrétiens de cette région.

COMMENTAIRE

Le bien-fondé de notre foi Luc 6, 43-49

Quels sont les torrents – ou les incendies – qui surgissent sans crier gare dans notre géographie spirituelle ? Quelles sont les fondations de la stabilité de notre foi ? Chacun d'entre nous apporte ses réponses, chaque communauté aussi, ainsi que l'Église tout entière. Christ est notre roc, assurément. Mais comment nous fondons-nous sur sa Parole, sa prière en secret, ses sacrements, son attention et son écoute des plus petits ? ■

Nicolas Tarralle, prêtre assomptionniste

DIMANCHE 17 SEPTEMBRE 2023
24ᴱ DIMANCHE DU TEMPS ORDINAIRE
ANNÉE A – COULEUR LITURGIQUE : VERT

« *Prends patience envers moi, et je te rembourserai tout.* » Matthieu 18, 26

© Delphine Renon

La démesure de l'amour et du pardon, tel est l'enseignement de la parole de Dieu en ce dimanche. Puisque Dieu nous fait grâce sans compter, à nous de faire de même, d'être exemplaires envers notre prochain. Que le Seigneur nous aide à pardonner. Puissions-nous devenir, en ce monde, de bons ouvriers du Royaume.

DIMANCHE 17 SEPTEMBRE 2023

RITES INITIAUX

Chant d'entrée (Suggestions p. 242)
OU
Antienne d'ouverture
Donne la paix, Seigneur, à ceux qui t'attendent ;
que tes prophètes soient reconnus dignes de foi.
Écoute les prières de ton serviteur, et de ton peuple Israël.
(cf. Si 36, 21-22)

Suggestion de préparation pénitentielle (ou p. 210)
Bénissons le Seigneur, frères et sœurs, car il pardonne toutes nos offenses, il met loin de nous nos péchés. Confessons humblement notre désir de sa miséricorde.
    Seigneur Jésus, envoyé pour nous révéler la bonté du Père. Kyrie, eleison. — **Kyrie, eleison.**
    Ô Christ, venu dans le monde pour sauver les pécheurs. Christe, eleison. — **Christe, eleison.**
    Seigneur, Serviteur élevé dans la gloire du Père où tu intercèdes pour nous. Kyrie, eleison. — **Kyrie, eleison.**
Que Dieu tout-puissant nous fasse miséricorde ; qu'il nous pardonne nos péchés et nous conduise à la vie éternelle. — **Amen.**

Gloire à Dieu (p. 212)

DIMANCHE 17 SEPTEMBRE 2023

Prière
Dieu créateur et maître de tout, pose sur nous ton regard, et pour que nous ressentions l'effet de ton pardon, accorde-nous de te servir avec un cœur sans partage. Par Jésus… **— Amen.**

LITURGIE DE LA PAROLE

Lecture du livre de Ben Sira le Sage (27, 30 – 28, 7)

« Pardonne à ton prochain le tort qu'il t'a fait ;
alors, à ta prière, tes péchés seront remis »

Rancune et colère, voilà des choses abominables où le pécheur est passé maître. Celui qui se venge éprouvera la vengeance du Seigneur ; celui-ci tiendra un compte rigoureux de ses péchés. Pardonne à ton prochain le tort qu'il t'a fait ; alors, à ta prière, tes péchés seront remis. Si un homme nourrit de la colère contre un autre homme, comment peut-il demander à Dieu la guérison ? S'il n'a pas de pitié pour un homme, son semblable, comment peut-il supplier pour ses péchés à lui ? Lui qui est un pauvre mortel, il garde rancune ; qui donc lui pardonnera ses péchés ? Pense à ton sort final et renonce à toute haine, pense à ton déclin et à ta mort, et demeure fidèle aux commandements. Pense aux commandements et ne garde pas de rancune envers le prochain, pense à l'Alliance du Très-Haut et sois indulgent pour qui ne sait pas.
– Parole du Seigneur.

DIMANCHE 17 SEPTEMBRE 2023

Psaume 102 (103)
℟ *Le Seigneur est tendresse et pitié, lent à la colère et plein d'amour.*

Le Sei-gneur est ten-dresse et pi-tié,

lent à la co-lè-re et plein d'a-mour.

T. : AELF; M. : L. Groslambert; Éd. : ADF.

Bénis le Seigneur, ô mon âme,
bénis son nom très saint, tout mon être !
Bénis le Seigneur, ô mon âme,
n'oublie aucun de ses bienfaits ! ℟

Car il pardonne toutes tes offenses
et te guérit de toute maladie ;
il réclame ta vie à la tombe
et te couronne d'amour et de tendresse. ℟

Retrouvez ce psaume sur le CD "Les psaumes de l'année A"

DIMANCHE 17 SEPTEMBRE 2023

℟ *Le Seigneur est tendresse et pitié, lent à la colère et plein d'amour.*

Il n'est pas pour toujours en procès,
ne maintient pas sans fin ses reproches ;
il n'agit pas envers nous selon nos fautes,
ne nous rend pas selon nos offenses. ℟

Comme le ciel domine la terre,
fort est son amour pour qui le craint ;
aussi loin qu'est l'orient de l'occident,
il met loin de nous nos péchés. ℟

Lecture de la lettre de saint Paul apôtre aux Romains (14, 7-9)
« Si nous vivons, si nous mourons, c'est pour le Seigneur »

Frères, aucun d'entre nous ne vit pour soi-même, et aucun ne meurt pour soi-même : si nous vivons, nous vivons pour le Seigneur ; si nous mourons, nous mourons pour le Seigneur. Ainsi, dans notre vie comme dans notre mort, nous appartenons au Seigneur. Car, si le Christ a connu la mort, puis la vie, c'est pour devenir le Seigneur et des morts et des vivants.
– Parole du Seigneur.

DIMANCHE 17 SEPTEMBRE 2023

Acclamation de l'Évangile
Alléluia. Alléluia. Je vous donne un commandement nouveau, dit le Seigneur : « Aimez-vous les uns les autres, comme je vous ai aimés. » **Alléluia.**

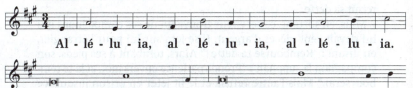

Al - lé - lu - ia, al - lé - lu - ia, al - lé - lu - ia.

Alléluia USC 431 ; Union Sainte-Cécile ; M. : J. : Roucairol ; Psalmodie : Ph. Robert.

Évangile de Jésus Christ selon saint Matthieu (18, 21-35)

« Je ne te dis pas de pardonner jusqu'à sept fois, mais jusqu'à 70 fois sept fois »

En ce temps-là, Pierre s'approcha de Jésus pour lui demander : « Seigneur, lorsque mon frère commettra des fautes contre moi, combien de fois dois-je lui pardonner ? Jusqu'à sept fois ? » Jésus lui répondit : « Je ne te dis pas jusqu'à sept fois, mais jusqu'à 70 fois sept fois. Ainsi, le royaume des Cieux est comparable à un roi qui voulut régler les comptes avec ses serviteurs. Il commençait, quand on lui amena quelqu'un qui lui devait dix mille talents (c'est-à-dire soixante millions de pièces d'argent). Comme cet homme n'avait pas de quoi rembourser, le maître ordonna de le vendre, avec sa femme, ses enfants et tous ses biens, en remboursement de sa dette. Alors, tombant à ses pieds, le serviteur demeurait prosterné et disait : "Prends patience envers moi, et je te rembourserai tout." Saisi de compassion, le maître de ce serviteur le laissa partir et lui remit sa dette.

« Mais, en sortant, ce serviteur trouva un de ses compagnons qui lui devait cent pièces d'argent. Il se jeta sur lui pour l'étrangler, en disant : "Rembourse ta dette !" Alors, tombant à ses pieds, son compagnon le suppliait : "Prends patience envers moi, et je te rembourserai." Mais l'autre refusa et le fit jeter en prison jusqu'à ce qu'il ait remboursé ce qu'il devait. Ses compagnons, voyant cela, furent profondément attristés et allèrent raconter à leur maître tout ce qui s'était passé. Alors celui-ci le fit appeler et lui dit : "Serviteur mauvais ! je t'avais remis toute cette dette parce que tu m'avais supplié. Ne devais-tu pas, à ton tour, avoir pitié de ton compagnon, comme moi-même j'avais eu pitié de toi ?" Dans sa colère, son maître le livra aux bourreaux jusqu'à ce qu'il eût remboursé tout ce qu'il devait.

« C'est ainsi que mon Père du ciel vous traitera, si chacun de vous ne pardonne pas à son frère du fond du cœur. »

Homélie

Profession de foi (p. 213)

DIMANCHE 17 SEPTEMBRE 2023

Suggestion de prière universelle

Le prêtre :

« Nous appartenons au Seigneur », notre Père. En son Fils, il sauve tous les hommes. Confions à son amour, à sa tendresse, les pauvres, les exclus et tous les habitants de notre monde.

℟ **Notre Père et notre Dieu, nous te prions.**

Y 55-231-12, ADF © Studio SM ; T. : et M. : M. Scouarnec.

Le diacre ou un lecteur :

L'ultime testament du Christ nous demande de nous aimer les uns les autres, d'aimer nos ennemis, de pardonner. Pour que l'Église répande la Parole de réconciliation et fasse grandir le Royaume, Père, nous te supplions. ℟

Le pape François sera à Marseille en fin de semaine pour inviter les responsables religieux à mieux prendre soin des migrants. Pour que cette visite porte du fruit, Père, nous te supplions. ℟

Les grands malades, les mourants ont besoin de voir leur famille unie, réconciliée. Pour que tout homme accueille ton message de pardon et de tendresse, Père, nous te supplions. ℟

DIMANCHE 17 SEPTEMBRE 2023

Cette période de rentrée est l'occasion de nous rendre attentifs aux nouveaux arrivants dans la paroisse. Pour que notre communauté se montre accueillante, Père, nous te supplions. ℟

(Ces intentions seront adaptées ou modifiées selon les circonstances.)

Le prêtre :
Dieu qui sais toutes choses, tu vois les besoins de notre vie humaine. Accueille les prières de ceux qui croient en toi, exauce les désirs de ceux qui te supplient. Par le Christ, notre Seigneur. — **Amen.**

LITURGIE EUCHARISTIQUE

Prière sur les offrandes
Sois favorable à nos supplications, Seigneur, et dans ta bonté accueille les offrandes de ceux qui te servent : que les dons offerts par chacun en l'honneur de ton nom soient utiles au salut de tous. Par le Christ, notre Seigneur. — **Amen.**

Prière eucharistique *(Préface des dimanches, p. 217)*

Chant de communion *(Suggestions p. 242)*
OU
Antienne de la communion
Qu'elle est précieuse, ta miséricorde, ô mon Dieu !
Les hommes trouvent refuge à l'ombre de tes ailes. (cf. Ps 35, 8)

OU
La coupe de bénédiction que nous bénissons
est communion au sang du Christ.
Le pain que nous rompons
est participation au corps du Seigneur.
(cf. 1 Co 10, 16)

Prière après la communion
Que la force agissante de ce don divin, nous t'en prions, Seigneur, saisisse nos esprits et nos corps, afin que son influence, et non pas notre sentiment, prédomine toujours en nous. Par le Christ, notre Seigneur. — ***Amen.***

RITE DE CONCLUSION

Bénédiction

Envoi

DIMANCHE 17 SEPTEMBRE 2023

COMMENTAIRE DU DIMANCHE
Karem Bustica, rédactrice en chef de *Prions en Église*

Le Royaume en héritage

Nous sommes les héritiers du royaume de Dieu. Les Cieux sont notre patrimoine. Une fois encore, Jésus raconte à quoi ressemble ce Royaume : il est comparable à un roi qui voulut régler ses comptes avec ses serviteurs. Au cœur large et généreux du roi, l'histoire oppose la violence mesquine du serviteur. Peut-être pour nous aider à saisir combien est gratuit l'amour que Dieu nous porte ? Pour nous mettre en garde contre les dérives dans lesquelles peut nous conduire notre péché ? Pour nous rappeler que Dieu est un Père qui attend que nous devenions frères et sœurs les uns des autres, pour de bon ?

Alors que Pierre parle « fautes » et « pardon », Jésus répond « royaume des Cieux » et « règlement des comptes ». Comme si, au moment de compter, il n'y avait que le pardon qui comptait !

DIMANCHE 17 SEPTEMBRE 2023

Suivre Jésus, c'est désormais sortir de la loi du talion « œil pour œil, dent pour dent » pour entrer dans le chemin de la réconciliation. Non pas pour minimiser ni oublier la faute commise ou subie – puisque pour la plupart d'entre nous le chemin de la réconciliation est long, douloureux et semé d'embûches –, mais pour laisser Jésus nous rejoindre dans un chemin de résurrection. Et une fois sur ce chemin, découvrir que le pardon est une grâce, qu'elle vient de Dieu, et uniquement de lui.

Faire l'expérience du pardon de Dieu, c'est recevoir l'héritage qui nous est promis : le royaume des Cieux.

Qu'est-ce qui me parle, dans cette parabole ?
Qu'est-ce que j'apprends de Dieu ?
Qu'est-ce que j'apprends du Royaume ? ■

DIMANCHE 17 SEPTEMBRE 2023

LIRE L'ÉVANGILE AVEC LES ENFANTS

CE QUE JE DÉCOUVRE

Jésus exagère ! Comment peut-on pardonner
« 70 fois 7 fois » ? C'est si difficile !
Jésus nous invite en fait à aimer comme Dieu
nous aime. **Dieu nous donne son « par-don ».
Le pardon, c'est le don qui est au-dessus**
de tous les dons. Pardonner, c'est tout donner.
C'est aimer jusqu'au bout, encore plus qu'aimer
tes parents ou tes copains. C'est ce que fait Dieu :
il nous aime tellement qu'il nous donne ce qu'il a
de plus précieux, son Fils, Jésus.

CE QUE JE VIS

As-tu déjà pardonné à quelqu'un ?
Qu'est-ce qui t'aide à pardonner ?
Qu'est-ce qui est difficile ?
Dans ta prière, demande à Jésus de t'aider à pardonner.

DIMANCHE 17 SEPTEMBRE 2023

MÉDITATION BIBLIQUE
24ᴱ DIMANCHE DU TEMPS ORDINAIRE
Lettre aux Romains 14, 7-9

Tout pour le Seigneur

Resitués dans leur contexte, les versets proposés par la liturgie de ce dimanche nous rappellent que notre appartenance au Seigneur a des répercussions dans nos relations les plus concrètes et nous indiquent un chemin de conversion.

Le temps de la préparation

« Je vous prendrai pour peuple, et moi, je serai votre Dieu. » (Ex 6, 7)

Le temps de l'observation

La deuxième lecture de ce jour (Rm 14, 7-9) est insérée dans un contexte qui parle de la communauté chrétienne où des forts et des faibles vivent leur aventure de foi, avec les jugements que peut entraîner cette différence. Ici, il s'agit principalement de l'attitude face aux aliments. Certains, les « faibles », semblent entravés dans leur liberté, se conformant par scrupule aux observances du judaïsme auxquelles ils ne sont plus tenus. Paul s'applique donc à casser les jugements des « forts », tentés de mépriser les « faibles ». Pour cela, il rappelle la commune appartenance des chrétiens au Christ qui, par l'événement pascal, est devenu le Seigneur de chacun. Ce qui disqualifie tout ...

DIMANCHE 17 SEPTEMBRE 2023

… jugement d'un humain sur un autre humain. Cette dimension d'appartenance, qui parcourt l'Ancien Testament, est la conséquence de l'Alliance passée entre Dieu et Israël. Une réalité exigeante et parfois ressentie comme lourde, mais qui peut être aussi une source de joie : « La part qui me revient fait mes délices » (Ps 15, 6).

Le temps de la méditation

Ces versets nous invitent à transformer notre propension humaine à juger autrui en un tremplin. Ce qui conduit à nous resituer en vérité devant Dieu à qui nous sommes unis de par notre création et notre salut. Nous ne pouvons plus nous prendre comme le point de référence absolu et notre vie est appelée à devenir une offrande à la gloire de Dieu. Cette perception de nous-mêmes nous permet alors de jeter un regard différent sur l'autre, de prendre en compte la volonté de vie que Dieu a sur lui et son appartenance au Seigneur : « Dieu l'a accueilli lui aussi. Toi, qui es-tu pour juger le serviteur d'un autre ? Qu'il tienne debout ou qu'il tombe, cela regarde son maître à lui » (Rm 14, 3-4). Dans son ensemble, le chapitre 14 de la lettre aux Romains nous permet de suivre cette dynamique de la conversion qui nous incombe. Les pensées de jugement vis-à-vis d'autrui peuvent nous déborder, certes, mais il nous appartient de ne pas nous laisser submerger et d'en faire le point de départ d'un renouveau spirituel et d'un élargissement du cœur.

Le temps de la prière

« **Mon cœur exulte, mon âme est en fête.** » **(Ps 15, 9)**

Emmanuelle Billoteau, ermite

DIMANCHE 17 SEPTEMBRE 2023

PARTAGE BIBLIQUE

 Environ 45 minutes   *Une bible* ou Prions en Église, *page 118*

« NOUS VIVONS POUR LE SEIGNEUR » (RM 14, 7-9)

Lire
Nous connaissons bien ce court passage de la lettre aux Romains, prenons le temps de le (re)lire et de le méditer.

Comprendre le texte

Dans la communauté chrétienne de Rome, certains judéo-chrétiens se sentaient obligés de ne pas manger de viande pour être sûrs de ne pas consommer des viandes impures selon la Loi juive. D'autres, parmi les helléno-chrétiens et les judéo-chrétiens, mangeaient de la viande, sans se poser de questions. Les premiers « jugeaient » leurs frères qu'ils considéraient en état d'impureté ; les seconds « méprisaient » leurs frères, attardés à des obligations dépassées selon eux. Paul invite les uns et les autres à s'accueillir sans se juger. Dans le passage que nous lisons, il rappelle que l'on ne peut vivre égoïstement en ne pensant qu'à soi-même, sans tenir compte des autres. En effet, le chrétien vit et meurt pour …

DIMANCHE 17 SEPTEMBRE 2023

PARTAGE BIBLIQUE (SUITE) *« NOUS VIVONS POUR LE SEIGNEUR » (RM 14, 7-9)*

… un autre, le Seigneur, auquel il appartient. Or cet autre, le Christ, n'a pas vécu pour lui-même ni n'est mort pour lui seul, mais « c'est pour devenir le Seigneur et des morts et des vivants ». Alors, écrit Paul, toi qui ne manges pas de viande, pourquoi juger ton frère ? Toi qui en manges, pourquoi le mépriser ? Pour contrer l'attitude des uns et des autres, Paul en appelle au jugement de Dieu, en citant le prophète Isaïe (cf. Is 45, 23). En effet, chacun aura à répondre de ses actes, et non du jugement que les autres auront porté sur lui.

Partager

- Ma vie chrétienne est-elle bien configurée à l'Évangile ?
- Comment j'accueille les différences de sensibilité au sein de l'Église ?
- Qu'est-ce qui me brûle et me tient à cœur quand je proclame ma foi ?
- Que signifie pour moi « appartenir au Christ » ?

Prier

Nous chantons ou prions la belle hymne de Didier Rimaud et Jo Akepsimas *Jésus qui m'as brûlé le cœur* (IP144-1). ■

Sylvain Gasser, prêtre assomptionniste

LUNDI 18 SEPTEMBRE 2023

24ᵉ SEMAINE DU TEMPS ORDINAIRE COULEUR LITURGIQUE : VERT

Temps ordinaire, *suggestion d'oraisons et d'antiennes n° 18*

Antienne d'ouverture
**Dieu, viens à mon aide, Seigneur,
viens vite à mon secours.
Tu es mon secours, mon libérateur,
Seigneur, ne tarde pas !** (cf. Ps 69, 2.6)

Prière
Sois proche, Seigneur, de ceux qui te servent et montre à ceux qui t'implorent ton éternelle bonté ; c'est leur fierté d'avoir en toi leur Créateur et leur Guide : restaure pour eux ta création, et l'ayant renouvelée, protège-la. Par Jésus…
— **Amen.**

Lecture
de la première lettre de saint Paul apôtre à Timothée (2, 1-8)

« J'encourage à faire des prières pour tous les hommes à Dieu qui veut que tous les hommes soient sauvés »

Bien-aimé, j'encourage, avant tout, à faire des demandes, des prières, des intercessions et des actions de grâce pour tous les hommes, pour les chefs d'État* et tous ceux qui exercent l'autorité, afin que nous puissions mener notre vie dans la tranquillité et le calme, en toute piété et dignité.

PRIONS EN ÉGLISE **131**

LUNDI 18 SEPTEMBRE 2023

Cette prière est bonne et agréable à Dieu notre Sauveur, car il veut que tous les hommes soient sauvés et parviennent à la pleine connaissance de la vérité. En effet, il n'y a qu'un seul Dieu, il n'y a aussi qu'un seul médiateur entre Dieu et les hommes : un homme, le Christ Jésus, qui s'est donné lui-même en rançon pour tous. Aux temps fixés, il a rendu ce témoignage, pour lequel j'ai reçu la charge de messager et d'apôtre – je dis vrai, je ne mens pas – moi qui enseigne aux nations la foi et la vérité. Je voudrais donc qu'en tout lieu les hommes prient en élevant les mains, saintement, sans colère ni dispute.
– Parole du Seigneur.

Psaume 27 (28)

℟ *Béni soit le Seigneur qui entend la voix de ma prière !*

Seigneur, mon rocher, c'est toi que j'appelle :
ne reste pas sans me répondre.
Entends la voix de ma prière
 quand je crie vers toi,
quand j'élève les mains
 vers le Saint des Saints ! ℟

Le Seigneur est ma force et mon rempart ;
à lui, mon cœur fait confiance :
il m'a guéri, ma chair a refleuri,
mes chants lui rendent grâce. ℟

Le Seigneur est la force de son peuple,
le refuge et le salut de son messie.
Sauve ton peuple, bénis ton héritage,
veille sur lui, porte-le toujours. ℟

LUNDI 18 SEPTEMBRE 2023

Acclamation de l'Évangile
Alléluia. Alléluia. Dieu a tellement aimé le monde qu'il a donné son Fils unique, afin que ceux qui croient en lui aient la vie éternelle. ***Alléluia.***

Évangile de Jésus Christ

selon saint Luc (7, 1-10)

« Même en Israël, je n'ai pas trouvé une telle foi ! »

En ce temps-là, lorsque Jésus eut achevé de faire entendre au peuple toutes ses paroles, il entra dans Capharnaüm. Il y avait un centurion dont un esclave était malade et sur le point de mourir ; or le centurion tenait beaucoup à lui. Ayant entendu parler de Jésus, il lui envoya des notables juifs pour lui demander de venir sauver son esclave. Arrivés près de Jésus, ceux-ci le suppliaient instamment : « Il mérite que tu lui accordes cela. Il aime notre nation : c'est lui qui nous a construit la synagogue. » Jésus était en route avec eux, et déjà il n'était plus loin de la maison, quand le centurion envoya des amis lui dire : « Seigneur, ne prends pas cette peine, car je ne suis pas digne que tu entres sous mon toit. C'est pourquoi je ne me suis pas autorisé, moi-même, à venir te trouver. Mais dis une parole, et que mon serviteur soit guéri ! Moi, je suis quelqu'un de subordonné à une autorité, mais j'ai des soldats sous mes ordres ; à l'un, je dis : "Va", et il va ; à un autre : "Viens", et il vient ; et à mon esclave : "Fais ceci", et il le fait. » Entendant cela, Jésus fut en admiration devant lui. Il se retourna et dit à la foule qui le suivait : « Je vous le déclare, même en Israël, je n'ai pas trouvé une telle foi ! » Revenus à la maison, les envoyés trouvèrent l'esclave en bonne santé.

LUNDI 18 SEPTEMBRE 2023

Prière sur les offrandes
Dans ta bonté, sanctifie ces dons, nous t'en prions, Seigneur ; accepte le sacrifice spirituel que nous t'offrons, et fais de nous-mêmes une éternelle offrande pour toi. Par le Christ, notre Seigneur. — ***Amen.***

Antienne de la communion
Je suis le pain de la vie, dit le Seigneur, celui qui vient à moi n'aura jamais faim, celui qui croit en moi n'aura jamais soif.
(Jn 6, 35)
OU
Tu nous as donné, Seigneur, le pain venu du ciel, pain aux multiples saveurs qui comble tous les goûts.
(Sg 16, 20)

Prière après la communion
Seigneur, entoure d'une constante protection ceux que tu as renouvelés par le don du ciel ; puisque tu ne cesses de les réconforter, rends-les dignes de la rédemption éternelle. Par le Christ, notre Seigneur. — ***Amen.***

INVITATION
Les Rencontres méditerranéennes ont lieu cette semaine à Marseille, qui accueillera le pape samedi. Je peux prier pour tous les migrants.

LUNDI 18 SEPTEMBRE 2023

COMMENTAIRE

Pour les servir — 1 Timothée 2, 1-8

Intercéder. Demander, supplier, prier pour une autre personne. Le baptisé vit sous le régime de la communion des saints et des pécheurs. Le sort de ses frères, de ses sœurs ne peut lui être indifférent. Comment mieux les approcher et les servir que par une prière ardente ? Vocation monastique par excellence, cœur de la prière liturgique accessible à chacun. « Maître, celui que tu aimes est malade » (cf. Jn 11, 3), seul, désespéré. Prends pitié de tous. ■ *Bénédicte de la Croix, cistercienne*

✳ CLÉ DE LECTURE

« Pour les chefs d'État » — 1 Timothée 2, 2 *(p. 131)*

La mémoire chrétienne garde le souvenir des premières persécutions sous Néron (64) et, plus tard, à la fin du règne de Domitien (95). L'Apocalypse assimile les deux événements pour dessiner la figure de la Bête, dont le chiffre pourrait renvoyer à Néron. Puis, sous Trajan, la lettre de Pierre évoque des persécutions de chrétiens de condition très modeste, confirmées par le gouverneur Pline le Jeune. Pourtant Luc, dans les Actes des Apôtres (vers 90), offre une vision beaucoup plus positive de l'Empire et de sa justice. La première lettre à Timothée semble aller dans ce sens. L'invitation à la prière pour les autorités est probablement sincère, mais elle souligne que les chrétiens restent vigilants, attentifs aux actes posés par ceux qui les gouvernent. ■ *Roselyne Dupont-Roc, bibliste*

MARDI 19 SEPTEMBRE 2023

24ᴇ SEMAINE DU TEMPS ORDINAIRE COULEUR LITURGIQUE : VERT

Temps ordinaire, *suggestion d'oraisons et d'antiennes nº 19*
ou **saint Janvier,** *voir p. 141*
ou, en France, **bienheureuse Vierge Marie de la Salette,** *voir p. 142*

Antienne d'ouverture

Regarde vers ton Alliance, Seigneur, ne délaisse pas sans fin l'âme de tes pauvres. Lève-toi, Seigneur, défends ta cause, n'oublie pas le cri de ceux qui te cherchent. (cf. Ps 73, 20.19.22.23)

Prière

Dieu éternel et tout-puissant, comme l'enseigne l'Esprit Saint, nous pouvons déjà t'appeler du nom de Père ; fais grandir en nos cœurs l'esprit d'adoption filiale, afin que nous soyons capables d'entrer un jour dans l'héritage qui nous est promis. Par Jésus… — ***Amen.***

Lecture

de la première lettre de saint Paul apôtre à Timothée (3, 1-13)

« Le responsable doit être irréprochable. Les diacres doivent garder le mystère de la foi dans une conscience pure »

Bien-aimé, voici une parole digne de foi : si quelqu'un aspire à la responsabilité d'une communauté, c'est une belle tâche qu'il désire. Le responsable doit être irréprochable, époux d'une seule femme, un homme sobre, raisonnable, équilibré, accueillant, capable d'enseigner, ni buveur ni brutal, mais bienveillant, ni querelleur ni cupide. Il faut qu'il dirige bien

MARDI 19 SEPTEMBRE 2023

les gens de sa propre maison, qu'il obtienne de ses enfants l'obéissance et se fasse respecter. Car si quelqu'un ne sait pas diriger sa propre maison, comment pourrait-il prendre en charge une Église de Dieu ? Il ne doit pas être un nouveau converti ; sinon, aveuglé par l'orgueil, il pourrait tomber sous la même condamnation que le diable. Il faut aussi que les gens du dehors portent sur lui un bon témoignage, pour qu'il échappe au mépris des hommes et au piège du diable. Les diacres, eux aussi, doivent être dignes de respect*, n'avoir qu'une parole, ne pas s'adonner à la boisson, refuser les profits malhonnêtes, garder le mystère de la foi dans une conscience pure. On les mettra d'abord à l'épreuve ; ensuite, s'il n'y a rien à leur reprocher, ils serviront comme diacres. Les femmes, elles aussi, doivent être dignes de respect, ne pas être médisantes, mais sobres et fidèles en tout. Que le diacre soit l'époux d'une seule femme, qu'il mène bien ses enfants et sa propre famille. Les diacres qui remplissent bien leur ministère obtiennent ainsi une position estimable et beaucoup d'assurance grâce à leur foi au Christ Jésus. – Parole du Seigneur.

17-23

Psaume 100 (101)

℟ *Je marcherai d'un cœur parfait, Seigneur.*

Je chanterai justice et bonté :
à toi mes hymnes, Seigneur !
J'irai par le chemin le plus parfait ;
quand viendras-tu jusqu'à moi ? ℟

Je marcherai d'un cœur parfait
avec ceux de ma maison ;
je n'aurai pas même un regard
pour les pratiques démoniaques. ℟

MARDI 19 SEPTEMBRE 2023

Qui dénigre en secret son prochain,
je le réduirai au silence ;
le regard hautain, le cœur ambitieux,
je ne peux les tolérer. ℟

Mes yeux distinguent les hommes sûrs du pays :
ils siégeront à mes côtés ;
qui se conduira parfaitement,
celui-là me servira. ℟

Acclamation de l'Évangile
Alléluia. Alléluia. Un grand prophète s'est levé parmi nous, et Dieu a visité son peuple. **Alléluia.**

Évangile de Jésus Christ
selon saint Luc (7, 11-17)

En ce temps-là, Jésus se rendit dans une ville appelée Naïm. Ses disciples faisaient route avec lui, ainsi qu'une grande foule. Il arriva près de la porte de la ville au moment où l'on emportait un mort pour l'enterrer ; c'était un fils unique, et sa mère était veuve. Une foule importante de la ville accompagnait cette femme. Voyant celle-ci, le Seigneur fut saisi de compassion pour elle et lui dit : « Ne pleure pas. » Il s'approcha et toucha le cercueil ; les porteurs s'arrêtèrent, et Jésus dit : « Jeune homme, je te l'ordonne, lève-toi. » Alors le mort se redressa et se mit à parler. Et Jésus le rendit à sa mère.

La crainte s'empara de tous, et ils rendaient gloire à Dieu en disant : « Un grand prophète s'est levé parmi nous, et Dieu a visité son peuple. » Et cette parole sur Jésus se répandit dans la Judée entière et dans toute la région.

MARDI 19 SEPTEMBRE 2023

Prière sur les offrandes
Accueille favorablement, Seigneur, ces présents que, dans ta miséricorde, tu as donnés à ton Église pour qu'elle puisse te les offrir ; fais qu'ils deviennent, par ta puissance, le sacrement de notre salut. Par le Christ, notre Seigneur. — **Amen.**

Antienne de la communion
Glorifie le Seigneur, Jérusalem :
de la fleur du froment, il te rassasia.
(cf. Ps 147, 12.14)
OU
Le pain que je donnerai,
c'est ma chair, donnée pour la vie
du monde, dit le Seigneur.
(Jn 6, 51)

Prière après la communion
Que cette communion à ton sacrement, Seigneur, nous procure le salut et qu'elle nous affermisse dans la lumière de ta vérité. Par le Christ, notre Seigneur. — **Amen.**

INVITATION

En France, nous fêtons la mémoire de la bienheureuse Vierge Marie de la Salette. Et si je priais les mystères joyeux du chapelet, aujourd'hui ?

MARDI 19 SEPTEMBRE 2023

COMMENTAIRE

Espérance de vie — Luc 7, 11-17

S'approchant de Naïm, Jésus croise un cortège funèbre : « C'était un fils unique, et sa mère était veuve. » Une image s'impose : Marie au pied de la Croix où vient d'être cloué son fils, son unique. Dans quelques heures, il sera placé dans un tombeau creusé à même la roche. Trois jours d'angoisse avant que retentisse la voix du Père : « Jeune homme, je te l'ordonne, lève-toi. » La mort définitivement mise à mort. C'est pour toujours ! ■

Bénédicte de la Croix, cistercienne

✶ CLÉ DE LECTURE

« Dignes de respect » — 1 Timothée 3, 8 *(p. 137)*

Vers la fin du Ier siècle, les premières communautés chrétiennes s'organisent. Celles que nous connaissons le mieux sont issues de la mouvance paulinienne (cf. lettre aux Éphésiens ; Actes 1-2 ; lettres à Timothée ; lettre à Tite). Les modes de gouvernance y sont très variés, les relations avec l'extérieur, souvent difficiles. À Éphèse, les lettres à Timothée témoignent d'un conseil des anciens, ou « presbuterion », à la manière juive, et d'un surveillant, ou « épiscope », choisi parmi eux. Des « diacres » ou chargés de services, hommes et femmes, le secondent. Les rôles ne sont pas définis. L'accent est mis sur le témoignage porté par la façon de vivre et d'agir. Un comportement qui doit forcer le respect et provoquer l'admiration des populations païennes qui entourent les chrétiens. ■

Roselyne Dupont-Roc, bibliste

MARDI 19 SEPTEMBRE 2023

Saint Janvier

Couleur liturgique : rouge

IIIe-IVe siècles. Évêque de Bénévent (Italie), mort martyr sous Dioclétien. Son sang, conservé dans une ampoule à la cathédrale de Naples, se liquéfie régulièrement de façon inexpliquée.

Antienne d'ouverture
Il est vraiment martyr, celui qui a versé son sang pour le nom du Christ ; il n'a pas craint les menaces des juges, il est parvenu au royaume des Cieux.

Prière
Seigneur Dieu, tu nous donnes de vénérer la mémoire de saint Janvier, ton martyr ; accorde-nous de nous réjouir avec lui dans l'éternité bienheureuse. Par Jésus Christ… — *Amen.*

Prière sur les offrandes
Dieu de toute clémence, répands ta bénédiction sur nos offrandes, rends-nous fermes dans la foi que saint Janvier défendit jusqu'à répandre son sang pour toi. Par le Christ, notre Seigneur. — *Amen.*

Antienne de la communion
Je suis la vraie vigne et vous êtes les sarments, dit le Seigneur. Celui qui demeure en moi et en qui je demeure, celui-là porte beaucoup de fruit. (cf. Jn 15, 1.5)

Prière après la communion
Déjà renouvelés par tes mystères très saints, nous te supplions, Seigneur : puissions-nous imiter le courage admirable de saint Janvier, et obtenir la récompense éternelle promise à ceux qui souffrent pour toi. Par le Christ, notre Seigneur. — *Amen.*

MARDI 19 SEPTEMBRE 2023

Bse Vierge Marie de la Salette (En France) — Couleur liturgique : blanc

Le 19 septembre 1846, la Vierge est apparue à deux enfants dans les montagnes, au sud de l'Isère, leur demandant de transmettre à « son peuple » un appel pressant à la conversion.

Antienne d'ouverture
Nous te saluons, Mère très sainte :
tu as mis au monde le Roi
qui gouverne le ciel et la terre
pour les siècles sans fin.

Prière
Seigneur, tu as réconcilié le monde avec toi, par le sang de ton Fils, et tu as placé sa mère près de la Croix, pour la réconciliation des pécheurs ; accorde-nous, par l'intercession de la Vierge Marie, d'obtenir le pardon de nos péchés. Par Jésus… — *Amen.*

Prière sur les offrandes
Nous t'en prions, Seigneur, accueille les supplications de ton peuple quand il te présente ce sacrifice ; fais qu'à l'intercession de la bienheureuse Marie, Mère de ton Fils, nulle attente ne soit déçue, nulle demande ne reste sans réponse. Par le Christ, notre Seigneur. — *Amen.*

Préface de la Vierge Marie, p. 218.

Antienne de la communion
Heureuse la Vierge Marie,
qui a porté dans son sein
le Fils du Père éternel. (cf. Lc 11, 27)

Prière après la communion
En communiant aux sacrements du ciel, nous implorons ta bonté, Seigneur : puisque nous avons la joie de faire mémoire de la bienheureuse Vierge Marie, rends-nous capables de nous mettre, à son imitation, au service du mystère de notre rédemption. Par le Christ, notre Seigneur. — *Amen.*

MERCREDI 20 SEPTEMBRE 2023

24ᴱ SEMAINE DU TEMPS ORDINAIRE COULEUR LITURGIQUE : ROUGE

Saint André Kim et saint Paul Chong et leurs compagnons
XIXᵉ siècle. Les 103 saints martyrs de Corée ont été canonisés en 1984.

Antienne d'ouverture
Sur la terre de Corée, les martyrs ont versé leur sang pour le Christ ; aussi ont-ils reçu leur récompense dans le ciel.

Prière
Seigneur Dieu, tu as voulu que, par toute la terre, se multiplient tes enfants d'adoption, et tu as fait que le sang des saints martyrs André et ses compagnons devienne une magnifique semence de chrétiens ; accorde-nous d'être fortifiés par leur secours et de progresser toujours à leur exemple. Par Jésus… — *Amen.*

Lecture

de la première lettre de saint Paul apôtre à Timothée (3, 14-16)

« Il est grand, le mystère de notre religion »

Bien-aimé, je t'écris avec l'espoir d'aller te voir bientôt. Mais au cas où je tarderais, je veux que tu saches comment il faut se comporter dans la maison de Dieu, c'est-à-dire la communauté, l'Église du Dieu vivant, elle qui est le pilier et le soutien de la vérité. Assurément, il est grand, le mystère de notre religion : c'est le Christ, manifesté dans la chair, justifié dans l'Esprit, apparu aux anges*, proclamé dans les nations, cru dans le monde, enlevé dans la gloire !
– Parole du Seigneur.

17-23

PRIONS EN ÉGLISE **143**

MERCREDI 20 SEPTEMBRE 2023

Psaume 110 (111)
℟ Grandes sont les œuvres du Seigneur !
OU **Alléluia !**

De tout cœur je rendrai grâce au Seigneur
dans l'assemblée, parmi les justes.
Grandes sont les œuvres du Seigneur ;
tous ceux qui les aiment s'en instruisent. ℟

Noblesse et beauté dans ses actions :
à jamais se maintiendra sa justice.

De ses merveilles il a laissé un mémorial ;
le Seigneur est tendresse et pitié. ℟

Il a donné des vivres à ses fidèles,
gardant toujours mémoire de son alliance.
Il a montré sa force à son peuple,
lui donnant le domaine des nations. ℟

Acclamation de l'Évangile
Alléluia. Alléluia. Tes paroles, Seigneur, sont esprit et elles sont vie. Tu as les paroles de la vie éternelle. ***Alléluia.***

Évangile de Jésus Christ
selon saint Luc (7, 31-35)

« Nous avons joué de la flûte, et vous n'avez pas dansé.
Nous avons chanté des lamentations, et vous n'avez pas pleuré »

En ce temps-là, Jésus disait à la foule : « À qui donc vais-je comparer les gens de cette génération ? À qui ressemblent-ils ? Ils ressemblent à des gamins assis sur la place, qui s'interpellent en disant : "Nous avons joué de la flûte, et vous n'avez pas dansé. Nous avons chanté des lamentations,

MERCREDI 20 SEPTEMBRE 2023

et vous n'avez pas pleuré." Jean le Baptiste est venu, en effet ; il ne mange pas de pain, il ne boit pas de vin, et vous dites : "C'est un possédé !" Le Fils de l'homme est venu ; il mange et il boit, et vous dites : "Voilà un glouton et un ivrogne, un ami des publicains et des pécheurs." Mais, par tous ses enfants, la sagesse de Dieu a été reconnue juste. »

Prière sur les offrandes
Regarde avec bonté, Dieu tout-puissant, les offrandes de ton peuple : à la prière de tes saints martyrs, fais de nous-mêmes, pour le salut du monde entier, un sacrifice qui te plaise. Par le Christ, notre Seigneur. — **Amen.**

Antienne de la communion
Celui qui se prononcera
pour moi devant les hommes,
dit le Seigneur, moi aussi,
je me prononcerai pour lui
devant mon Père qui est aux cieux.
(Mt 10, 32)

Prière après la communion
Nourris du pain des forts en la célébration de tes saints martyrs, nous te supplions instamment, Seigneur : accorde-nous de rester fidèlement unis au Christ pour travailler dans l'Église au salut de tous. Par le Christ, notre Seigneur. — **Amen.**

INVITATION
Quels sont les appels de Dieu qui se révèlent à moi aujourd'hui,
par sa parole, par les personnes rencontrées, par l'actualité du monde ?

MERCREDI 20 SEPTEMBRE 2023

COMMENTAIRE

Enfants de tous pays — Luc 7, 31-35

La liturgie fait mémoire de deux prêtres coréens et de leurs compagnons, morts martyrs au XIXe siècle. Aux quatre coins du monde, «par tous ses enfants, la sagesse de Dieu a été reconnue juste». Prenons la mesure de la catholicité de l'Église, de son universalité. Submergés par les difficultés de nos communautés, de nos paroisses, songeons à l'incroyable diversité des personnes qui se tournent vers Dieu. De quoi dilater nos cœurs. ■ *Bénédicte de la Croix, cistercienne*

✣ CLÉ DE LECTURE

«Apparu aux anges» — 1 Timothée 3, 16 *(p. 143)*

Dans les communautés issues de Paul, le terme «mystère» ne cesse de s'approfondir. Il a comme visée unique le Christ dans sa vie, sa mort et sa résurrection. Mais la figure du Christ possède une richesse infinie, que nul ne saurait sonder et exprimer totalement. Chaque génération chrétienne découvre de nouvelles facettes. La lettre à Timothée rapporte ici un hymne créé probablement à Éphèse, qui reprend de façon originale la trajectoire du Christ. Une partie des expressions sont déjà traditionnelles, d'autres apparaissent, plus universelles : «Justifié dans l'Esprit [...], proclamé parmi les nations, cru dans le monde.» D'autres surprennent : faut-il comprendre que le Christ est apparu aux anges plutôt qu'à des messagers selon les évangélistes et Paul? ■ *Roselyne Dupont-Roc, bibliste*

JEUDI 21 SEPTEMBRE 2023

COULEUR LITURGIQUE : ROUGE

Saint Matthieu
*Ier siècle. L'un des douze Apôtres, auteur du premier évangile.
Avant de rencontrer Jésus, Matthieu (appelé Lévi) était collecteur d'impôts à Capharnaüm.*

Antienne d'ouverture
**Allez, dit le Seigneur,
de toutes les nations faites des disciples ;
baptisez-les, et apprenez-leur à observer
tout ce que je vous ai commandé.** (Mt 28, 19-20)

Gloire à Dieu (p. 212)

Prière
Seigneur Dieu, dans ta miséricorde sans égale, tu as choisi le bienheureux Matthieu pour faire de ce publicain un apôtre ; donne-nous, par sa prière et à son exemple, de te suivre et de nous attacher à toi fermement. Par Jésus… — ***Amen.***

Lectures propres à la fête de saint Matthieu.

Lecture
de la lettre de saint Paul apôtre aux Éphésiens (4, 1-7.11-13)

« Les dons qu'il a faits, ce sont les Apôtres et aussi les évangélisateurs »

Frères, moi qui suis en prison à cause du Seigneur, je vous exhorte à vous conduire d'une manière digne de votre vocation : ayez beaucoup d'humilité, de douceur et de patience, supportez-vous les uns les autres avec

JEUDI 21 SEPTEMBRE 2023

amour ; ayez soin de garder l'unité dans l'Esprit par le lien de la paix. Comme votre vocation vous a tous appelés à une seule espérance, de même il y a un seul Corps et un seul Esprit. Il y a un seul Seigneur, une seule foi, un seul baptême, un seul Dieu et Père de tous, au-dessus de tous, par tous, et en tous.

À chacun d'entre nous, la grâce a été donnée selon la mesure du don fait par le Christ. Et les dons qu'il a faits, ce sont les Apôtres, et aussi les prophètes, les évangélisateurs, les pasteurs et ceux qui enseignent. De cette manière, les fidèles sont organisés pour que les tâches du ministère soient accomplies et que se construise le corps du Christ, jusqu'à ce que nous parvenions tous ensemble à l'unité dans la foi et la pleine connaissance du Fils de Dieu, à l'état de l'Homme parfait, à la stature du Christ dans sa plénitude. – Parole du Seigneur.

Psaume 18a (19)

℟ *Par toute la terre s'en va leur message.*

Les cieux proclament la gloire de Dieu,
le firmament raconte l'ouvrage de ses mains.
Le jour au jour en livre le récit
et la nuit à la nuit en donne connaissance. ℟

Pas de paroles dans ce récit,
pas de voix qui s'entende ;
mais sur toute la terre en paraît le message
et la nouvelle, aux limites du monde. ℟

Acclamation de l'Évangile

Alléluia. Alléluia. À toi, Dieu, notre louange ! Toi que les Apôtres glorifient, nous t'acclamons : tu es Seigneur ! *Alléluia.*

JEUDI 21 SEPTEMBRE 2023

Évangile de Jésus Christ
selon saint Matthieu (9, 9-13)

En ce temps-là, Jésus sortit de Capharnaüm et vit, en passant, un homme, du nom de Matthieu, assis à son bureau de collecteur d'impôts. Il lui dit : « Suis-moi. » L'homme se leva et le suivit.
Comme Jésus était à table à la maison, voici que beaucoup de publicains (c'est-à-dire des collecteurs d'impôts) et beaucoup de pécheurs vinrent prendre place avec lui et ses disciples.

« Suis-moi. L'homme se leva et le suivit »
Voyant cela, les pharisiens disaient à ses disciples : « Pourquoi votre maître mange-t-il avec les publicains et les pécheurs ? » Jésus, qui avait entendu, déclara : « Ce ne sont pas les gens bien portants qui ont besoin du médecin, mais les malades. Allez apprendre ce que signifie : *Je veux la miséricorde, non le sacrifice.* En effet, je ne suis pas venu appeler des justes, mais des pécheurs. »

Prière sur les offrandes
En ce jour où nous honorons la mémoire du bienheureux Matthieu, nous te présentons, Seigneur, nos prières et nos offrandes ; nous t'en supplions : regarde ton Église avec bienveillance, puisque tu as nourri sa foi par la prédication des Apôtres. Par le Christ, notre Seigneur. — *Amen.*
Préface des Apôtres, p. 219.

JEUDI 21 SEPTEMBRE 2023

Antienne de la communion
Je ne suis pas venu
appeler des justes,
mais des pécheurs,
dit le Seigneur.
(Mt 9, 13)

Prière après la communion
Tu nous fais participer, Seigneur, à la joie du salut, que saint Matthieu éprouva en accueillant tout heureux le Sauveur dans sa maison ; donne-nous de pouvoir toujours refaire nos forces à la table de celui qui est venu appeler au salut non pas des justes, mais des pécheurs. Lui qui… — *Amen.*

INVITATION

Et si, en cette fête de saint Matthieu, je relisais son évangile en entier ?

COMMENTAIRE

Appel d'offres Matthieu 9, 9-13

Une âpre discussion s'engage entre les disciples de Jésus et les pharisiens. Ces derniers lui reprochent de manger avec des gens qu'ils méprisent, des publicains et des pécheurs. Des moins-que-rien au service de l'occupant, des collaborateurs en somme, ne méritant que mépris et rejet. Le ton monte et le Maître tranche : « Je ne suis pas venu appeler des justes, mais des pécheurs. » Puissions-nous ne jamais oublier son infinie miséricorde. ■

Bénédicte de la Croix, cistercienne

VENDREDI 22 SEPTEMBRE 2023

24ᴱ SEMAINE DU TEMPS ORDINAIRE COULEUR LITURGIQUE : VERT

Temps ordinaire, *suggestion d'oraisons et d'antiennes n° 20*

Antienne d'ouverture
**Dieu, notre protecteur, regarde :
vois le visage de ton Christ ; un jour dans tes parvis
en vaut plus que mille.** (cf. Ps 83, 10-11)

Prière
Pour ceux qui t'aiment, Seigneur Dieu, tu as préparé des biens que l'œil ne peut voir : répands en nos cœurs la ferveur de ta charité, afin que t'aimant en toute chose et par-dessus tout, nous obtenions de toi l'héritage promis qui surpasse tout désir. Par Jésus… — **Amen.**

Lecture

de la première lettre de saint Paul apôtre à Timothée (6, 2c-12)

« Toi, homme de Dieu, recherche la justice »

Bien-aimé, voilà ce que tu dois enseigner et recommander. Si quelqu'un donne un enseignement différent, et n'en vient pas aux paroles solides, celles de notre Seigneur Jésus Christ, et à l'enseignement qui est en accord avec la piété, un tel homme est aveuglé par l'orgueil, il ne sait rien, c'est un malade de la discussion et des querelles de mots. De tout cela, il ne sort que jalousie, rivalité, blasphèmes, soupçons malveillants,

VENDREDI 22 SEPTEMBRE 2023

disputes interminables de gens à l'intelligence corrompue, qui sont coupés de la vérité et ne voient dans la religion qu'une source de profit. Certes, il y a un grand profit dans la religion si l'on se contente de ce que l'on a. De même que nous n'avons rien apporté dans ce monde, nous n'en pourrons rien emporter. Si nous avons de quoi manger et nous habiller, sachons nous en contenter. Ceux qui veulent s'enrichir tombent dans le piège de la tentation, dans une foule de convoitises absurdes et dangereuses, qui plongent les gens dans la ruine et la perdition. Car la racine de tous les maux, c'est l'amour de l'argent. Pour s'y être attachés, certains se sont égarés loin de la foi et se sont infligé à eux-mêmes des tourments sans nombre. Mais toi, homme de Dieu, fuis tout cela ; recherche la justice, la piété, la foi, la charité, la persévérance et la douceur. Mène le bon combat, celui de la foi, empare-toi de la vie éternelle ! C'est à elle que tu as été appelé, c'est pour elle que tu as prononcé ta belle profession de foi devant de nombreux témoins.

– Parole du Seigneur.

Psaume 48 (49)

℟ *Heureux les pauvres de cœur, car le royaume des Cieux est à eux !*

Pourquoi craindre aux jours de malheur
ces fourbes qui me talonnent pour m'encercler,
ceux qui s'appuient sur leur fortune
et se vantent de leurs grandes richesses ? ℟

Nul ne peut racheter son frère
ni payer à Dieu sa rançon :
aussi cher qu'il puisse payer,
toute vie doit finir. ℟

VENDREDI 22 SEPTEMBRE 2023

Ne crains pas l'homme qui s'enrichit,
qui accroît le luxe de sa maison :
aux enfers il n'emporte rien ;
sa gloire ne descend pas avec lui. ℟

De son vivant, il s'est béni lui-même :
« On t'applaudit car tout va bien pour toi ! »
Mais il rejoint la lignée de ses ancêtres
qui ne verront jamais plus la lumière. ℟

Acclamation de l'Évangile
Alléluia. Alléluia. Tu es béni, Père, Seigneur du ciel et de la terre, tu as révélé aux tout-petits les mystères du Royaume ! ***Alléluia.***

Évangile de Jésus Christ
selon saint Luc (8, 1-3)

« Des femmes les accompagnaient et les servaient en prenant sur leurs ressources »

En ce temps-là, il arriva que Jésus, passant à travers villes et villages, proclamait et annonçait la Bonne Nouvelle du règne de Dieu. Les Douze l'accompagnaient, ainsi que des femmes qui avaient été guéries de maladies et d'esprits mauvais : Marie, appelée Madeleine, de laquelle étaient sortis sept démons, Jeanne, femme de Kouza, intendant d'Hérode, Suzanne, et beaucoup d'autres, qui les servaient en prenant sur leurs ressources.

17 - 23

Prière sur les offrandes
Accueille, Seigneur, ce que nous présentons pour cette eucharistie où s'accomplit un admirable échange : en offrant ce que tu nous as donné, puissions-nous te recevoir toi-même. Par le Christ, notre Seigneur. — ***Amen.***

VENDREDI 22 SEPTEMBRE 2023

Antienne de la communion
Oui, près du Seigneur est la miséricorde ; près de lui abonde le rachat. (cf. Ps 129, 7)
OU
Je suis le pain vivant, qui est descendu du ciel, dit le Seigneur ; si quelqu'un mange de ce pain, il vivra éternellement. (Jn 6, 51)

Prière après la communion
Par ces sacrements, Seigneur, tu nous as unis au Christ, et nous implorons humblement ta bonté : sur la terre, transforme-nous à son image, pour que nous puissions partager sa vie dans le ciel. Lui qui… — **Amen.**

INVITATION

Dimanche, c'est la Journée mondiale des migrants et des réfugiés. Je pourrais aller lire le message du Saint-Père « Libre de choisir entre migrer ou rester », sur le site du Vatican.

COMMENTAIRE

Affection et dévotion Luc 8, 1-3

Madeleine, Jeanne, Suzanne et « beaucoup d'autres » appartiennent au groupe des disciples proches de Jésus. Ces femmes généreuses n'hésitent pas à puiser dans leurs biens pour nourrir tout ce petit monde. Le Fils de Marie se laisse approcher par elles, servir, toucher, oindre de parfum des pieds à la tête. Il aime leur compagnie et prend plaisir à échanger avec elles, répondant à leur insatiable curiosité avec une souveraine liberté ! ■

Bénédicte de la Croix, cistercienne

SAMEDI 23 SEPTEMBRE 2023

24ᵉ SEMAINE DU TEMPS ORDINAIRE COULEUR LITURGIQUE : BLANC

Saint Pio de Pietrelcina

1887-1968. Ce capucin italien plaça l'eucharistie et la confession au cœur de son ministère de prêtre. Son couvent de San Giovanni Rotondo est devenu un lieu de pèlerinage.

Antienne d'ouverture
**L'Esprit du Seigneur est sur moi,
parce que le Seigneur m'a consacré par l'onction.
Il m'a envoyé porter la Bonne Nouvelle
aux pauvres, guérir les cœurs brisés.** (Lc 4, 18 ; Is 61, 1)

Prière
Dieu éternel et tout-puissant, par une grâce particulière tu as donné au prêtre saint Pio de participer à la croix de ton Fils, et, dans son ministère, tu as renouvelé les merveilles de ta miséricorde ; par son intercession, nous te prions : à nous qui sommes associés aux souffrances du Christ, accorde la joie de parvenir à la gloire de sa résurrection. Lui qui… — ***Amen.***

Lecture
de la première lettre de saint Paul apôtre à Timothée (6, 13-16)

*« Garde le commandement, en demeurant sans tache,
jusqu'à la Manifestation de notre Seigneur »*

Bien-aimé, en présence de Dieu qui donne vie à tous les êtres, et en présence du Christ Jésus qui a témoigné devant Ponce Pilate par une belle affirmation, voici ce que je t'ordonne : garde le commandement

SAMEDI 23 SEPTEMBRE 2023

du Seigneur, en demeurant sans tache, irréprochable jusqu'à la Manifestation* de notre Seigneur Jésus Christ. Celui qui le fera paraître aux temps fixés, c'est Dieu, Souverain unique et bienheureux, Roi des rois et Seigneur des seigneurs ; lui seul possède l'immortalité, habite une lumière inaccessible ; aucun homme ne l'a jamais vu, et nul ne peut le voir. À lui, honneur et puissance éternelle. Amen. – Parole du Seigneur.

Psaume 99 (100)

℟ *Allez vers le Seigneur parmi les chants d'allégresse.*

Acclamez le Seigneur, terre entière,
servez le Seigneur dans l'allégresse,
venez à lui avec des chants de joie ! ℟

Reconnaissez que le Seigneur est Dieu :
il nous a faits, et nous sommes à lui,
nous, son peuple, son troupeau. ℟

Venez dans sa maison lui rendre grâce,
dans sa demeure chanter ses louanges ;
rendez-lui grâce et bénissez son nom ! ℟

Oui, le Seigneur est bon,
éternel est son amour,
sa fidélité demeure d'âge en âge. ℟

Acclamation de l'Évangile

Alléluia. Alléluia. Heureux ceux qui ont entendu la Parole dans un cœur bon et généreux, qui la retiennent et portent du fruit par leur persévérance. *Alléluia.*

SAMEDI 23 SEPTEMBRE 2023

Évangile de Jésus Christ
selon saint Luc (8, 4-15)

« Ce qui est tombé dans la bonne terre, ce sont les gens qui retiennent la Parole et portent du fruit par leur persévérance »

En ce temps-là, comme une grande foule se rassemblait, et que de chaque ville on venait vers Jésus, il dit dans une parabole : « Le semeur sortit pour semer la semence, et comme il semait, il en tomba au bord du chemin. Les passants la piétinèrent, et les oiseaux du ciel mangèrent tout. Il en tomba aussi dans les pierres, elle poussa et elle sécha parce qu'elle n'avait pas d'humidité. Il en tomba aussi au milieu des ronces, et les ronces, en poussant avec elle, l'étouffèrent. Il en tomba enfin dans la bonne terre, elle poussa et elle donna du fruit au centuple. » Disant cela, il éleva la voix : « Celui qui a des oreilles pour entendre, qu'il entende ! »

Ses disciples lui demandaient ce que signifiait cette parabole. Il leur déclara : « À vous il est donné de connaître les mystères du royaume de Dieu, mais les autres n'ont que les paraboles. Ainsi, comme il est écrit : *Ils regardent sans regarder, ils entendent sans comprendre.*

« Voici ce que signifie la parabole. La semence, c'est la parole de Dieu. Il y a ceux qui sont au bord du chemin : ceux-là ont entendu ; puis le diable survient et il enlève de leur cœur la Parole, pour les empêcher de croire et d'être sauvés. Il y a ceux qui sont dans les pierres : lorsqu'ils entendent, ils accueillent la Parole avec joie ; mais ils n'ont pas de racines, ils croient pour un moment et, au moment de l'épreuve, ils abandonnent. Ce qui est tombé dans les ronces, ce sont les gens qui ont entendu, mais qui sont

SAMEDI 23 SEPTEMBRE 2023

étouffés, chemin faisant, par les soucis, la richesse et les plaisirs de la vie, et ne parviennent pas à maturité. Et ce qui est tombé dans la bonne terre, ce sont les gens qui ont entendu la Parole dans un cœur bon et généreux, qui la retiennent et portent du fruit par leur persévérance. »

Prière sur les offrandes
Dieu de puissance et de majesté, nous te supplions humblement : puisque les dons offerts en l'honneur de saint Pio de Pietrelcina attestent la gloire de ta puissance, qu'ils nous procurent le fruit de ton salut. Par le Christ, notre Seigneur. — **Amen.**

Antienne de la communion
Je suis avec vous tous les jours,
dit le Seigneur,
jusqu'à la fin du monde.
(Mt 28, 20)

Prière après la communion
Que cette communion à tes mystères, Seigneur, nous achemine vers les joies éternelles que saint Pio de Pietrelcina a méritées par un service fidèle. Par le Christ, notre Seigneur. — **Amen.**

INVITATION
Le pape célèbre aujourd'hui à Marseille une messe qui clôt les Rencontres méditerranéennes. Je pourrais prier avec toute l'assemblée en la regardant à la télé, sur internet...

SAMEDI 23 SEPTEMBRE 2023

COMMENTAIRE

Arbre sacré — Luc 8, 4-15

Qui peut savoir s'il est cette bonne terre, féconde, généreuse, produisant du grain au centuple ? Parlant non plus de semence mais d'arbres, le Créateur constate que leur fécondité se mesure aux fruits qu'ils portent. La fécondité du Fils de Dieu, suspendu au bois de la Croix comme le dernier des malfaiteurs, nouvel arbre de vie, est incommensurable. Son exemple devrait nous prémunir contre les jugements hâtifs portés sur nos semblables. ∎

Bénédicte de la Croix, cistercienne

✣ CLÉ DE LECTURE

« Manifestation » — 1 Timothée 6, 14 *(p. 156)*

À la fin du Ier siècle, un vocabulaire nouveau apparaît. Manifestation lumineuse d'un astre ou d'une divinité, l'épiphanie appartient au vocabulaire religieux du monde grec qui divinise les empereurs. Le monde juif l'applique à Dieu seul. Les chrétiens y voient la présence du Christ auprès des siens. L'image de l'épiphanie permet d'ouvrir un grand arc : il part de sa naissance – première manifestation de Jésus aux mages chez Matthieu –, pour se déployer dans le témoignage de sa vie et de sa mort, jusqu'à sa résurrection. Elle est manifestation de sa vie nouvelle, dans l'attente de sa venue glorieuse à la fin des temps. Dans cette attente, il revient aux chrétiens de manifester, par leur façon de vivre et d'aimer, la lumière ainsi offerte au monde. ∎

Roselyne Dupont-Roc, bibliste

DIMANCHE 24 SEPTEMBRE 2023
25ᴇ DIMANCHE DU TEMPS ORDINAIRE
ANNÉE A – COULEUR LITURGIQUE : VERT

« *Les derniers seront premiers, et les premiers seront derniers.* »
Matthieu 20, 16

« La bonté du Seigneur est pour tous », ne la jugeons pas avec jalousie. L'amour de Dieu pour tous les hommes est sans mesure, vouloir le limiter par nos calculs comptables est vain. Pourquoi ne pas nous réjouir de cette démesure, de cette mansuétude du Père ? Pour célébrer l'eucharistie avec sincérité, marchons sur la voie de cet indicible amour.

DIMANCHE 24 SEPTEMBRE 2023

RITES INITIAUX

Chant d'entrée (Suggestions p. 242)
OU
Antienne d'ouverture
Je suis le salut de mon peuple, dit le Seigneur,
dans toutes les épreuves, s'il crie vers moi, je l'exaucerai ;
je serai son Seigneur pour toujours.

Suggestion de préparation pénitentielle (ou p. 210)
Frères et sœurs, reconnaissons que nous avons du mal à accepter la justice de Dieu. Demandons pardon au Seigneur pour nos péchés.
  Seigneur Jésus, envoyé par le Père pour révéler aux hommes le Royaume, toi qui guéris notre aveuglement, prends pitié de nous.
  — *Prends pitié de nous.*
  Ô Christ, venu nous apprendre la loi de la charité sans limites, toi qui pardonnes nos jalousies, prends pitié de nous.
  — *Prends pitié de nous.*
  Seigneur, élevé dans la gloire où tu rassembleras tous les hommes, toi qui purifies nos cœurs, prends pitié de nous.
  — *Prends pitié de nous.*
Que Dieu tout-puissant nous fasse miséricorde ; qu'il nous pardonne nos péchés et nous conduise à la vie éternelle.
— *Amen.*

DIMANCHE 24 SEPTEMBRE 2023

Gloire à Dieu (p. 212)

Prière
Seigneur Dieu, tu as voulu que toute la loi de sainteté consiste à t'aimer et à aimer son prochain : donne-nous de garder tes commandements, et de parvenir ainsi à la vie éternelle. Par Jésus… — **Amen.**

LITURGIE DE LA PAROLE

Lecture du livre du prophète Isaïe (55, 6-9)

« Mes pensées ne sont pas vos pensées »

Cherchez le Seigneur tant qu'il se laisse trouver ; invoquez-le tant qu'il est proche. Que le méchant abandonne son chemin, et l'homme perfide, ses pensées ! Qu'il revienne vers le Seigneur qui lui montrera sa miséricorde, vers notre Dieu qui est riche en pardon. Car mes pensées ne sont pas vos pensées, et vos chemins ne sont pas mes chemins, – oracle du Seigneur. Autant le ciel est élevé au-dessus de la terre, autant mes chemins sont élevés au-dessus de vos chemins, et mes pensées, au-dessus de vos pensées.
– Parole du Seigneur.

DIMANCHE 24 SEPTEMBRE 2023

Psaume 144 (145)
℟ **Proche est le Seigneur de ceux qui l'invoquent.**

T. : AELF ; M. : M. Wackenheim ; Éd. : ADF.

Chaque jour je te bénirai,
je louerai ton nom toujours et à jamais.
Il est grand, le Seigneur, hautement loué ;
à sa grandeur, il n'est pas de limite. ℟

Le Seigneur est tendresse et pitié,
lent à la colère et plein d'amour ;
la bonté du Seigneur est pour tous,
sa tendresse, pour toutes ses œuvres. ℟

Le Seigneur est juste en toutes ses voies,
fidèle en tout ce qu'il fait.
Il est proche de ceux qui l'invoquent,
de tous ceux qui l'invoquent en vérité. ℟

Retrouvez
ce psaume sur le CD
"Les psaumes
de l'année A"

DIMANCHE 24 SEPTEMBRE 2023

Lecture de la lettre de saint Paul apôtre aux Philippiens
(1, 20c-24.27a)

« Pour moi, vivre c'est le Christ »

Frères, soit que je vive, soit que je meure, le Christ sera glorifié dans mon corps. En effet, pour moi, vivre c'est le Christ, et mourir est un avantage. Mais si, en vivant en ce monde, j'arrive à faire un travail utile, je ne sais plus comment choisir. Je me sens pris entre les deux : je désire partir pour être avec le Christ, car c'est bien préférable ; mais, à cause de vous, demeurer en ce monde est encore plus nécessaire.
Quant à vous, ayez un comportement digne de l'Évangile du Christ.
– Parole du Seigneur.

Acclamation de l'Évangile
Alléluia. Alléluia. La bonté du Seigneur est pour tous, sa tendresse, pour toutes ses œuvres : tous acclameront sa justice. ***Alléluia.***

DIMANCHE 24 SEPTEMBRE 2023

U 77-00; T. : AELF; M. : P. Robert.

Évangile de Jésus Christ selon saint Matthieu (20, 1-16)

« Ton regard est-il mauvais parce que moi, je suis bon ? »

En ce temps-là, Jésus disait cette parabole à ses disciples : « Le royaume des Cieux est comparable au maître d'un domaine qui sortit dès le matin afin d'embaucher des ouvriers pour sa vigne. Il se mit d'accord avec eux sur le salaire de la journée : un denier, c'est-à-dire une pièce d'argent, et il les envoya à sa vigne. Sorti vers neuf heures, il en vit d'autres qui étaient là, sur la place, sans rien faire. Et à ceux-là, il dit : "Allez à ma vigne, vous aussi, et je vous donnerai ce qui est juste." Ils y allèrent. Il sortit de nouveau vers midi, puis vers trois heures, et fit de même. Vers cinq heures, il sortit encore,

DIMANCHE 24 SEPTEMBRE 2023

en trouva d'autres qui étaient là et leur dit : "Pourquoi êtes-vous restés là, toute la journée, sans rien faire ?" Ils lui répondirent : "Parce que personne ne nous a embauchés." Il leur dit : "Allez à ma vigne, vous aussi."

« Le soir venu, le maître de la vigne dit à son intendant : "Appelle les ouvriers et distribue le salaire, en commençant par les derniers pour finir par les premiers." Ceux qui avaient commencé à cinq heures s'avancèrent et reçurent chacun une pièce d'un denier. Quand vint le tour des premiers, ils pensaient recevoir davantage, mais ils reçurent, eux aussi, chacun une pièce d'un denier. En la recevant, ils récriminaient contre le maître du domaine : "Ceux-là, les derniers venus, n'ont fait qu'une heure, et tu les traites à l'égal de nous, qui avons enduré le poids du jour et la chaleur !" Mais le maître répondit à l'un d'entre eux : "Mon ami, je ne suis pas injuste envers toi. N'as-tu pas été d'accord avec moi pour un denier ? Prends ce qui te revient, et va-t'en. Je veux donner au dernier venu autant qu'à toi : n'ai-je pas le droit de faire ce que je veux de mes biens ? Ou alors ton regard est-il mauvais parce que moi, je suis bon ?" C'est ainsi que les derniers seront premiers, et les premiers seront derniers. »

Homélie

Profession de foi (p. 213)

DIMANCHE 24 SEPTEMBRE 2023

Suggestion de prière universelle

Le prêtre :
Dieu notre Père aime sa vigne et en prend soin. Que monte vers lui le cri des pauvres et de tous les habitants de la Terre.
℟ **Dans ta miséricorde, Seigneur, écoute-nous.**

Éd. de l'Emmanuel ; M. : J.-M. Morin.

Le diacre ou un lecteur :
- Ce dimanche, nous célébrons la Journée du migrant et du réfugié. Pour que l'Église redise sans cesse les droits de ces populations et les accueille dignement, prions notre Dieu d'amour. ℟
- Au lendemain de la visite du pape François à Marseille, nous rendons grâce pour les rencontres qui ont eu lieu. Pour que les dirigeants des nations mènent une politique de justice et de paix, prions notre Dieu de bonté. ℟
- Le monde du travail se trouve souvent confronté à des difficultés de justice sociale. Pour que les chercheurs d'emploi et les travailleurs se sentent reconnus, prions notre Dieu de miséricorde. ℟

DIMANCHE 24 SEPTEMBRE 2023

Nos pensées, nos paroles, nos actes ne sont pas toujours conformes à l'Évangile. Pour que notre assemblée réunie progresse sur les chemins de la charité, prions notre Dieu fidèle et proche. ℟.

(Ces intentions seront adaptées ou modifiées selon les circonstances.)
Le prêtre :
Dieu notre Père, toi qui es proche de ceux qui t'invoquent en vérité, exauce notre prière pour que vienne ton règne. Par le Christ, notre Seigneur. — ***Amen.***

LITURGIE EUCHARISTIQUE

Prière sur les offrandes
Reçois favorablement, nous t'en prions, Seigneur, les dons présentés par ton peuple : que tous obtiennent par tes sacrements ce qu'ils proclament dans la ferveur de la foi. Par le Christ, notre Seigneur. — ***Amen.***

Prière eucharistique *(Préface des dimanches, p. 217)*

Chant de communion *(Suggestions p. 242)*
OU

DIMANCHE 24 SEPTEMBRE 2023

Antienne de la communion
Toi, tu promulgues des préceptes, à observer entièrement.
Puissent mes voies s'affermir à observer tes commandements !
(Ps 118, 4-5)
OU
Je suis le bon pasteur, dit le Seigneur,
je connais mes brebis,
et mes brebis me connaissent.
(Jn 10, 14)

Prière après la communion
Dans ta bonté, Seigneur, fais que ton aide soutienne toujours ceux que tu as nourris de tes sacrements, afin qu'ils puissent, dans ces mystères et par toute leur vie, recueillir les fruits de la rédemption. Par le Christ, notre Seigneur. — **Amen.**

RITE DE CONCLUSION

Bénédiction

Envoi

DIMANCHE 24 SEPTEMBRE 2023

COMMENTAIRE DU DIMANCHE
Anne Da, xavière

Entre deux biens

Pour entrer dans l'intelligence de la lettre adressée aux Philippiens, il faut en connaître le contexte. Paul n'est pas assis à son bureau pour rédiger ces lignes, il écrit depuis la prison où il est retenu « à cause du Christ », à cause de l'annonce de la Bonne Nouvelle qu'il proclame en tous lieux : Christ est mort et ressuscité !

L'attachement au Christ seul est au fondement des choix de Paul. Pour lui, « vivre c'est le Christ et mourir est un avantage ». Mais Paul ne sait plus comment choisir : d'un côté, il « désire partir pour être avec le Christ, car c'est bien préférable ». De l'autre, vivre en ce monde pour un travail utile. Il penche d'un côté puis de l'autre, entre deux biens. Pourtant, Paul ne pose pas son avantage comme critère de choix. Il cherche ce qui sera davantage ajusté

DIMANCHE 24 SEPTEMBRE 2023

au bien de ceux que le Seigneur a mis sur sa route. C'est la mission qu'il a reçue du Christ lui-même qui le met au plus près de celui qui est sa vie. C'est donc « à cause » de ceux auxquels il est envoyé qu'il entend l'Esprit lui suggérer la nécessité de demeurer en ce monde comme un bien plus nécessaire.

Paul pose ses choix à partir de son expérience, de sa relation au Seigneur bâtie sur le roc d'un amour indéfectible : « Rien ne pourra nous séparer de l'amour que Dieu nous a montré dans le Christ Jésus, notre Seigneur » (cf. Rm 8, 39).

Ai-je l'expérience d'avoir posé une alternative entre deux biens ? Quel a été le critère de choix ?

Comment tenir compte, dans mes choix, de la mission reçue d'annoncer la Bonne Nouvelle au quotidien ? ∎

DIMANCHE 24 SEPTEMBRE 2023

LIRE L'ÉVANGILE AVEC LES ENFANTS

CE QUE JE DÉCOUVRE

À la fin d'une compétition sportive, les athlètes occupent la 1re, la 2e, la 3e jusqu'à la dernière place. Mais dans le royaume de Dieu, il n'y a pas de classement ! Ce qui compte, c'est que tu répondes à l'appel de Dieu. Il est comme le maître de la vigne : il vient te chercher… encore et encore ! Alors, ce n'est pas grave si tu n'arrives pas parmi les premiers car **Dieu ne mesure pas son amour**. Au contraire, il le donne à tous avec abondance, il le donne à tous les hommes qui acceptent de le suivre.

CE QUE JE VIS

Est-ce important pour toi que les autres reconnaissent tes efforts et ton travail ?
Cite un moment de ta semaine où tu as répondu à l'appel de Jésus. As-tu été heureux de le faire ?

Demande à Dieu de t'aider à entendre son appel.
Prie ensuite le Notre Père.

DIMANCHE 24 SEPTEMBRE 2023

MÉDITATION BIBLIQUE
25ᵉ DIMANCHE DU TEMPS ORDINAIRE
Évangile selon saint Matthieu 20, 1-16

Sur-mesure

Comme les ouvriers de la première heure, nous sommes tentés d'enfermer le Maître dans une logique. Les paraboles ouvrent les lecteurs à d'autres possibilités de vie.

Le temps de la préparation

« Le Seigneur est tendresse et pitié, lent à la colère et plein d'amour ; la bonté du Seigneur est pour tous, sa tendresse, pour toutes ses œuvres. » (Ps 144, 8-9)

Le temps de l'observation

La parabole met en lumière notre tendance redoutable à la comparaison. Des ouvriers ont été embauchés tardivement. À l'employeur qui demande pourquoi ils sont encore en attente de travail vers cinq heures du soir, ils répondent : « Parce que personne ne nous a embauchés. » Cette phrase lui suffit pour leur faire confiance. Il les engage et leur donne la même rémunération qu'aux premiers. Peut-être le maître a-t-il expérimenté l'angoisse d'attendre sans savoir ce qui va se passer, le rejet quand personne ne souhaite vous donner une place, l'image ...

PRIONS EN ÉGLISE **173**

... dégradée que l'on a de soi quand on est au chômage ou décalé vis-à-vis des autres. Le maître n'érige pas cette décision en loi. Il invente librement une réponse à la situation singulière qui se présente. Les premiers ouvriers se fâchent et lui reprochent sa générosité. Subitement la situation se rétrécit. Elle se réduit à un taux horaire journalier et à une question d'injustice.

Le temps de la méditation

Le royaume de Dieu ressemble une fois de plus à un espace où l'abondance règne et se fraie un passage pour rejoindre les personnes. Mais, comme dans le récit du jardin d'Éden, très vite, cette abondance est dévoyée, soupçonnée, réduite à des calculs comptables. Comme de bons élèves embauchés les premiers, nous reprochons à Dieu ce qu'il ne donne pas. Nous considérons la générosité envers autrui comme un affront à notre égard, alors même qu'il se soucie de chacun. L'attitude révèle notre égocentrisme et notre incompréhension du chemin de la vie. La parabole raconte combien nous aimerions mettre la main sur Dieu : l'enfermer dans une logique, le réduire à notre distribution de bons et de mauvais points, soumettre la vie au tamis d'un calibrage sans exception. Oui, mais voilà, c'est impossible car le Dieu de la Bible fait du sur-mesure. Entrer dans cette filiation, c'est peut-être commencer par lui faire confiance sur ses choix.

Le temps de la prière

« Le Seigneur est juste en toutes ses voies, fidèle en tout ce qu'il fait. » (Ps 144, 17)

Marie-Laure Durand, bibliste

DIMANCHE 24 SEPTEMBRE 2023

L'ÉVÉNEMENT
JOURNÉE MONDIALE DU MIGRANT ET DU RÉFUGIÉ

Émigrer ou rester ?

Ce dimanche, l'Église fête la 109ᵉ Journée mondiale du migrant et du réfugié. Cette date coïncide avec la venue du pape à Marseille pour les Rencontres méditerranéennes.

« Il y a 1 000 raisons de migrer, mais aucune d'elles ne s'apparente au plaisir », reconnaît Isabelle Cauchois, directrice de la Maison Bakhita à Paris. Le 23 septembre, la maison organise une journée portes ouvertes la veille de la Journée mondiale du migrant et du réfugié. « Cette journée annuelle est une opportunité de grande visibilité ...

Le pape François rencontre des réfugiés arrivés par les programmes de couloirs humanitaires lors de l'audience générale au Vatican, le 18 mars 2023.

DIMANCHE 24 SEPTEMBRE 2023

... pour nous et une occasion de faire la fête et de prier avec tout le diocèse, avec pour objectif de sensibiliser largement à la question des migrants, des exilés et des réfugiés », poursuit la responsable.

Libre de choisir d'émigrer ou de rester

Dans son message, à l'occasion de la Journée, le pape provoque le monde et l'Église à un engagement. Avec l'expression « Libre de choisir d'émigrer ou de rester », François souhaite promouvoir une nouvelle réflexion sur un droit qui n'a pas encore été codifié au niveau international : le droit de n'avoir pas à émigrer, en d'autres termes, le droit de pouvoir rester sur sa terre. « J'entends cette formule comme un cri de liberté ! La liberté pour chacun de rester chez lui. Tous, nous avons un rôle à jouer pour cela, en soutenant la solidarité internationale, le développement, la paix. Il n'est pas possible pour un chrétien de ne pas s'en soucier », conclut Isabelle Cauchois. ■

Sébastien Antoni, journaliste

LA MAISON BAKHITA

Inauguré le 25 septembre 2021, le projet a débuté en 2018 dans le diocèse de Paris en réponse à l'appel du pape François « d'accueillir, protéger, promouvoir et intégrer » toute personne migrante. Les migrants trouvent à la Maison Bakhita un lieu d'accueil, de soutien et d'aide à l'insertion.

Renseignements : https://dioceseparis.fr/-la-maison-bakhita

DIMANCHE 24 SEPTEMBRE 2023

Une prière de Lise Lachance, pour ce dimanche

Seigneur, tu es notre joie !

Quelle joie de te découvrir toujours présent
au cœur de notre monde !
Ouvre notre cœur à ton appel.
Délie nos mains pour des gestes généreux.
Ne permets pas que nous nous détournions
de ton projet d'édifier un monde
où règnent l'amour et le partage.
Là où s'est installée la misère,
que nous acceptions de donner nos surplus.
Là où persistent l'exploitation et la peur,
que nous travaillions à établir la justice.
Là où se répand le mensonge,
que nous soyons des témoins de la vérité.
Et que ceux et celles qui ne te connaissent pas encore
lisent ton nom dans notre regard : Père des vivants.

LUNDI 25 SEPTEMBRE 2023

25ᵉ SEMAINE DU TEMPS ORDINAIRE COULEUR LITURGIQUE : VERT

Temps ordinaire, *suggestion d'oraisons et d'antiennes nº 21*

Antienne d'ouverture
Incline vers moi ton oreille,
Seigneur, exauce-moi. Sauve, ô mon Dieu,
ton serviteur qui espère en toi.
Prends pitié de moi, Seigneur, toi que j'appelle tout le jour.
(cf. Ps 85, 1-3)

Prière
Seigneur Dieu, toi qui unis les cœurs des fidèles dans une seule volonté : donne à ton peuple d'aimer ce que tu commandes et de désirer ce que tu promets, pour qu'au milieu des changements de ce monde, nos cœurs s'établissent fermement là où se trouvent les vraies joies. Par Jésus… — **Amen.**

Lecture
du livre d'Esdras (1, 1-6)

« Quiconque fait partie du peuple du Seigneur,
qu'il monte à Jérusalem, et qu'il bâtisse la maison du Seigneur »

La première année du règne de Cyrus, roi de Perse, pour que soit accomplie la parole du Seigneur proclamée par Jérémie, le Seigneur inspira Cyrus, roi de Perse. Et celui-ci fit publier dans tout son royaume – et

LUNDI 25 SEPTEMBRE 2023

même consigner par écrit – : « Ainsi parle Cyrus, roi de Perse : Le Seigneur, le Dieu du ciel, m'a donné tous les royaumes de la terre ; et il m'a chargé de lui bâtir une maison à Jérusalem, en Juda. Quiconque parmi vous fait partie de son peuple, que son Dieu soit avec lui, qu'il monte à Jérusalem, en Juda, et qu'il bâtisse la maison du Seigneur, le Dieu d'Israël, le Dieu qui est à Jérusalem. En tout lieu où résident ceux qui restent d'Israël, que la population leur vienne en aide : qu'on leur fournisse argent, or, dons en nature, bétail, qu'on y joigne des offrandes volontaires pour la maison de Dieu qui est à Jérusalem. » Alors les chefs de famille de Juda et de Benjamin, les prêtres et les lévites, bref, tous ceux à qui Dieu avait inspiré cette décision, se mirent en route et montèrent à Jérusalem pour bâtir la maison du Seigneur ; tous leurs voisins leur apportèrent de l'aide : argent, or, dons en nature, bétail, objets précieux en quantité, sans compter toutes sortes d'offrandes volontaires. – Parole du Seigneur.

Psaume 125 (126)

℟ *Quelles merveilles le Seigneur fit pour nous !*

Quand le Seigneur ramena
    les captifs à Sion,
nous étions comme en rêve !
Alors notre bouche était pleine de rires,
nous poussions des cris de joie. ℟

Alors on disait parmi les nations :
« Quelles merveilles fait
    pour eux le Seigneur ! »
Quelles merveilles le Seigneur fit pour nous :
nous étions en grande fête ! ℟

LUNDI 25 SEPTEMBRE 2023

Ramène, Seigneur, nos captifs,
comme les torrents au désert.
Qui sème dans les larmes
moissonne dans la joie. ℟

Il s'en va, il s'en va en pleurant,
il jette la semence ;
il s'en vient, il s'en vient dans la joie,
il rapporte les gerbes. ℟

Acclamation de l'Évangile
Alléluia. Alléluia. Que votre lumière brille devant les hommes : alors, voyant ce que vous faites de bien, ils rendront gloire à votre Père. **Alléluia.**

Évangile de Jésus Christ
selon saint Luc (8, 16-18)

« On met la lampe sur le lampadaire pour que ceux qui entrent voient la lumière »

En ce temps-là, Jésus disait aux foules : « Personne, après avoir allumé une lampe, ne la couvre d'un vase ou ne la met sous le lit ; on la met sur le lampadaire pour que ceux qui entrent voient la lumière. Car rien n'est caché* qui ne doive paraître au grand jour ; rien n'est secret qui ne doive être connu et venir au grand jour.

« Faites attention à la manière dont vous écoutez. Car à celui qui a, on donnera ; et à celui qui n'a pas, même ce qu'il croit avoir sera enlevé. »

Prière sur les offrandes
Par l'unique sacrifice, offert une fois pour toutes, tu t'es donné, Seigneur, le peuple que tu as adopté ; en ta bienveillance, accorde-nous la grâce de l'unité et de la paix dans ton Église. Par le Christ, notre Seigneur. — **Amen.**

LUNDI 25 SEPTEMBRE 2023

Antienne de la communion
La terre se rassasie du fruit
de tes œuvres, Seigneur,
tu fais produire à la terre le pain,
et le vin qui réjouit
le cœur de l'homme.
(cf. Ps 103, 13-15)
OU
Qui mange ma chair et boit mon sang
a la vie éternelle, dit le Seigneur ;
et moi, je le ressusciterai
au dernier jour.
(Jn 6, 54)

Prière après la communion
Que ta miséricorde agisse en nous, Seigneur, nous t'en prions, et qu'elle nous guérisse entièrement ; par ta bonté, transforme-nous et rends-nous si fervents que nous puissions te plaire en toute chose. Par le Christ, notre Seigneur. — **Amen.**

INVITATION

Je pourrais allumer une bougie, la prendre en photo et l'envoyer à un proche, seulement pour lui dire que je pense à lui, que je l'aime et ainsi illuminer sa journée.

LUNDI 25 SEPTEMBRE 2023

COMMENTAIRE

Lumière diffuse Luc 8, 16-18

« Pour que ceux qui entrent voient la lumière » : que voient-ils, ceux qui entrent dans nos églises, nos communautés chrétiennes, nos maisons ? De la grisaille ? des lumières clinquantes et factices ? ou alors une lumière accueillante, simple et familière ? Une lumière qui ne dissipe pas totalement les ténèbres de cette vie mais qui permet à chacun de trouver son propre chemin pour avancer vers le Seigneur. ∎

Bertrand Lesoing, prêtre de la communauté Saint-Martin

✣ CLÉ DE LECTURE

« Rien n'est caché » Luc 8, 17 *(p. 180)*

Alors même qu'il parle aux foules avec des paraboles qui restent pour certains des énigmes, Jésus affirme que rien de ce qu'il annonce ne doit rester caché. Au contraire, tout doit être manifesté au grand jour, en une véritable « épiphanie ». Nul ne doit confondre son message avec une doctrine ésotérique destinée à quelques-uns, ou se repaître d'une révélation restée longtemps cachée. Jésus veut que tous, en se mettant à son écoute, puissent reconnaître le règne de Dieu qui vient. Il inaugure ce Règne, et la Parole qu'il faut entendre, c'est sa propre parole. Il est là, ouvert et offert à tous ceux qui acceptent de le reconnaître. En accueillant sa parole ou en la refusant, chacun reçoit ou perd plus qu'il ne pourra jamais posséder. ∎

Roselyne Dupont-Roc, bibliste

MARDI 26 SEPTEMBRE 2023
25ᵉ SEMAINE DU TEMPS ORDINAIRE COULEUR LITURGIQUE : VERT

Temps ordinaire, *suggestion d'oraisons et d'antiennes nº22*
ou **saint Côme et saint Damien,** *voir p. 188*

Antienne d'ouverture
**Prends pitié de moi, Seigneur,
car j'ai crié vers toi tout le jour,
toi qui es bon et qui pardonnes,
plein de miséricorde pour tous ceux qui t'appellent.**
(cf. Ps 85, 3.5)

Prière
Dieu de l'univers, de qui vient tout don parfait, enracine en nos cœurs l'amour de ton nom ; augmente notre foi pour développer ce qui est bon en nous ; veille sur nous avec sollicitude pour protéger ce que tu as fait grandir. Par Jésus…
— **Amen.**

Lecture
du livre d'Esdras (6, 7-8.12b.14-20)

« *Ils achevèrent la construction de la maison de Dieu
et les rapatriés célébrèrent la Pâque* »

En ces jours-là, le roi de Perse, Darius, écrivit aux autorités de la province située à l'ouest de l'Euphrate : « Laissez le gouverneur de Juda et les anciens des Juifs travailler à cette maison de Dieu : ils

MARDI 26 SEPTEMBRE 2023

doivent la rebâtir sur son emplacement. Voici mes ordres concernant votre ligne de conduite envers les anciens des Juifs pour la reconstruction de cette maison de Dieu : les dépenses de ces gens leur seront remboursées, exactement et sans interruption, sur les fonds royaux, c'est-à-dire sur l'impôt de la province. Moi, Darius, j'ai donné cet ordre. Qu'il soit strictement exécuté ! »

Les anciens des Juifs continuèrent avec succès les travaux de construction, encouragés par la parole des prophètes Aggée et Zacharie le fils d'Iddo. Ils achevèrent la construction conformément à l'ordre du Dieu d'Israël, selon les décrets de Cyrus et de Darius. La maison de Dieu fut achevée le troisième jour du mois nommé Adar, dans la sixième année du règne de Darius. Les fils d'Israël, les prêtres, les lévites et le reste des rapatriés célébrèrent dans la joie la dédicace de cette maison de Dieu. Ils immolèrent, pour cette dédicace*, cent taureaux, deux cents béliers, quatre cents agneaux et, en sacrifice pour le péché de tout Israël, douze boucs, d'après le nombre des tribus d'Israël. Puis ils installèrent les prêtres selon leurs classes, et les lévites selon leurs groupes, pour le service de Dieu à Jérusalem, suivant les prescriptions du livre de Moïse. Les rapatriés célébrèrent la Pâque le quatorzième jour du premier mois. Tous les prêtres et tous les lévites, sans exception, s'étaient purifiés : tous étaient purs. Ils immolèrent donc la Pâque pour tous les rapatriés, pour leurs frères les prêtres, et pour eux-mêmes.

– Parole du Seigneur.

MARDI 26 SEPTEMBRE 2023

Psaume 121 (122)
℟ *Dans la joie, nous irons à la maison du Seigneur.*

Quelle joie quand on m'a dit :
« Nous irons à la maison du Seigneur ! »
Maintenant notre marche prend fin
devant tes portes, Jérusalem ! ℟

Jérusalem, te voici dans tes murs :
ville où tout ensemble ne fait qu'un !

C'est là que montent les tribus,
les tribus du Seigneur. ℟

C'est là qu'Israël doit rendre grâce
au nom du Seigneur.
C'est là le siège du droit,
le siège de la maison de David. ℟

Acclamation de l'Évangile
Alléluia. Alléluia. Heureux ceux qui écoutent la parole de Dieu, et qui la gardent ! *Alléluia.*

Évangile de Jésus Christ
selon saint Luc (8, 19-21)

*« Ma mère et mes frères sont ceux qui écoutent la parole de Dieu,
et qui la mettent en pratique »*

En ce temps-là, la mère et les frères de Jésus vinrent le trouver, mais ils ne pouvaient pas arriver jusqu'à lui à cause de la foule. On le lui fit savoir : « Ta mère et tes frères sont là dehors, qui veulent te voir. » Il leur répondit : « Ma mère et mes frères sont ceux qui écoutent la parole de Dieu, et qui la mettent en pratique. »

PRIONS EN ÉGLISE **185**

MARDI 26 SEPTEMBRE 2023

Prière sur les offrandes
Que cette offrande sainte nous apporte à jamais, Seigneur, la bénédiction du salut, afin qu'elle donne toute sa force à ce qu'elle accomplit dans le sacrement. Par le Christ, notre Seigneur. — *Amen.*

Antienne de la communion
Qu'ils sont grands,
tes bienfaits, Seigneur !
Tu les réserves
à ceux qui te craignent.
(Ps 30, 20)
OU
Heureux les artisans de paix,
car ils seront appelés fils de Dieu.
Heureux ceux qui sont persécutés
pour la justice, car le royaume
des Cieux est à eux.
(Mt 5, 9-10)

Prière après la communion
Rassasiés par le pain reçu à la table du ciel, nous te prions, Seigneur : que cette nourriture fortifie en nos cœurs la charité, et nous stimule à te servir dans nos frères. Par le Christ, notre Seigneur. — *Amen.*

INVITATION

Puis-je me considérer comme faisant partie de la famille de Jésus ?
Suis-je à l'écoute de la Parole ?

MARDI 26 SEPTEMBRE 2023

COMMENTAIRE

Famille éloignée — Luc 8, 19-21

La mère et les frères de Jésus viennent le trouver pour le voir, le toucher, mais ils en sont empêchés par la foule. Comme nous, lorsque nous cherchons à nous rapprocher du Christ et que nous voyons les obstacles se dresser les uns après les autres sur notre route. Ces difficultés, toutefois, ne nous empêchent nullement de nous mettre à son écoute et à sa suite : « Ma mère et mes frères sont ceux qui écoutent la parole de Dieu, et qui la mettent en pratique », même s'ils restent loin ! ■

Bertrand Lesoing, prêtre de la communauté Saint-Martin

✷ CLÉ DE LECTURE

« Pour cette dédicace » — Esdras 6, 17 *(p. 184)*

Le livre d'Esdras reflète le moment, au Ve siècle avant J.-C., où, avec le soutien du pouvoir perse, les Judéens revenus d'exil purent reconstruire le Temple de Jérusalem et établir de façon solennelle un régime religieux dominé par la caste sacerdotale et par les activités cultuelles. Une religion du Temple se met en place à la gloire du Dieu d'Israël, mais dangereusement marquée par la fermeture et le repli identitaire. Le frère est, au mieux, le Judéen rapatrié et les siens, tandis que le peuple de la terre (ceux qui étaient restés sur place) et les Juifs de la diaspora babylonienne et d'ailleurs sont oubliés. Et avec eux, une bonne partie de l'enseignement des prophètes. D'autres textes bibliques (Isaïe 56, Ruth…) viendront heureusement équilibrer celui-là. ■

Roselyne Dupont-Roc, bibliste

MARDI 26 SEPTEMBRE 2023

Saint Côme et saint Damien

Couleur liturgique : rouge

IVe siècle. Deux frères médecins, morts pour la foi à Cyrrhus, près d'Alep (Syrie). Leur culte se répandit en Occident dès le Ve siècle.

Antienne d'ouverture
Elles se réjouissent dans les cieux, les âmes des saints qui ont suivi les traces du Christ ; ils ont répandu leur sang par amour pour lui : c'est pourquoi ils exultent avec lui pour l'éternité.

Prière
Sois glorifié, Seigneur, par la mémoire que nous faisons des saints Côme et Damien : dans ton admirable providence, tu leur as procuré la gloire éternelle et tu nous donnes ton secours. Par Jésus Christ… — *Amen.*

Prière sur les offrandes
Elle a du prix, Seigneur, la mort de tes justes ; en la rappelant, nous t'offrons ce sacrifice, source et modèle de tout martyre. Par le Christ, notre Seigneur. — *Amen.*

Antienne de la communion
Vous avez tenu bon avec moi dans mes épreuves. Et moi, je dispose pour vous du Royaume, dit le Seigneur ; ainsi vous mangerez et boirez à ma table dans mon Royaume.
(cf. Lc 22, 28.30)

Prière après la communion
Entretiens en nous, Seigneur, le don que tu nous as fait ; que, par ta grâce, il serve à notre salut et nous apporte la paix, tandis que nous faisons mémoire des bienheureux martyrs Côme et Damien. Par le Christ, notre Seigneur. — *Amen.*

MERCREDI 27 SEPTEMBRE 2023

25ᴱ SEMAINE DU TEMPS ORDINAIRE COULEUR LITURGIQUE : BLANC

Saint Vincent de Paul
1581-1660. Grand apôtre de la charité, fondateur des Prêtres de la Mission, des Filles de la Charité et des Équipes Saint-Vincent. Canonisé en 1737.

Antienne d'ouverture
L'Esprit du Seigneur est sur moi, parce que le Seigneur m'a consacré par l'onction. Il m'a envoyé porter la Bonne Nouvelle aux pauvres, guérir les cœurs brisés. (Lc 4, 18 ; Is 61, 1)

Prière
Seigneur Dieu, tu as donné au prêtre saint Vincent de Paul toutes les qualités d'un apôtre afin de secourir les pauvres et de former les prêtres ; accorde-nous la même ferveur pour aimer ce qu'il a aimé et pratiquer ce qu'il a enseigné. Par Jésus… — ***Amen.***

Lecture
du livre d'Esdras (9, 5-9)

« Dans la servitude, notre Dieu ne nous a pas abandonnés »

Moi, Esdras, à l'heure de l'offrande du soir, je me relevai de ma prostration ; le vêtement et le manteau déchirés, je tombai à genoux ; les mains tendues vers le Seigneur mon Dieu, je dis : « Mon Dieu, j'ai trop de honte et de confusion pour lever mon visage vers toi, mon Dieu. Nos fautes sans nombre nous submergent, nos offenses se sont amoncelées jusqu'au ciel. Depuis les jours de nos pères et aujourd'hui encore, grande est notre

MERCREDI 27 SEPTEMBRE 2023

offense : c'est à cause de nos fautes que nous avons été livrés, nous, nos rois et nos prêtres, aux mains des rois étrangers, à l'épée, à la captivité, au pillage et à la honte, qui nous accablent encore aujourd'hui. Or, voici que depuis peu de temps la pitié du Seigneur notre Dieu a laissé subsister pour nous des rescapés et nous a permis de nous fixer en son lieu saint ; ainsi, notre Dieu a fait briller nos yeux, il nous a rendu un peu de vie dans notre servitude. Car nous sommes asservis ; mais, dans cette servitude, notre Dieu ne nous a pas abandonnés : il nous a concilié la faveur des rois de Perse, il nous a rendu la vie, pour que nous puissions restaurer la maison de notre Dieu et relever ses ruines, afin d'avoir un abri solide en Juda et à Jérusalem. »
– Parole du Seigneur.

Cantique Tobie 13, 2, 3-4ab, 4cde, 7, 8ab, 8cde

℞ ***Béni soit Dieu, le Vivant, à jamais !***

C'est lui qui châtie et prend pitié,
 qui fait descendre aux profondeurs des enfers
et retire de la grande perdition :
 nul n'échappe à sa main. ℞

Rendez-lui grâce, fils d'Israël, à la face des nations
où lui-même vous a dispersés ;
là, il vous a montré sa grandeur :
 exaltez-le à la face des vivants. ℞

Car il est notre Seigneur,
lui, notre Dieu, notre Père,
il est Dieu, pour les siècles
 des siècles ! ℞

Regardez ce qu'il a fait pour vous,
rendez-lui grâce à pleine voix !
Bénissez le Seigneur de justice,
exaltez le Roi des siècles ! ℞

MERCREDI 27 SEPTEMBRE 2023

Et moi, en terre d'exil,
 je lui rends grâce ;
je montre sa grandeur et sa force
au peuple des pécheurs. ℟

« Revenez, pécheurs,
et vivez devant lui dans la justice.
Qui sait s'il ne vous rendra pas
son amour et sa grâce ! » ℟

Acclamation de l'Évangile
Alléluia. Alléluia. Le règne de Dieu est tout proche. Convertissez-vous et croyez à l'Évangile. **Alléluia.**

Évangile de Jésus Christ

selon saint Luc (9, 1-6)

« Il les envoya proclamer le règne de Dieu et guérir les malades »

En ce temps-là, Jésus rassembla les Douze ; il leur donna pouvoir et autorité sur tous les démons, et de même pour faire des guérisons ; il les envoya* proclamer le règne de Dieu et guérir les malades. Il leur dit : « Ne prenez rien pour la route, ni bâton, ni sac, ni pain, ni argent ; n'ayez pas chacun une tunique de rechange. Quand vous serez reçus dans une maison, restez-y ; c'est de là que vous repartirez. Et si les gens ne vous accueillent pas, sortez de la ville et secouez la poussière de vos pieds : ce sera un témoignage contre eux. »
Ils partirent et ils allaient de village en village, annonçant la Bonne Nouvelle et faisant partout des guérisons.

MERCREDI 27 SEPTEMBRE 2023

Prière sur les offrandes
Seigneur Dieu, tu as donné à saint Vincent de conformer toute sa vie aux saints mystères qu'il célébrait ; fais que nous devenions nous-mêmes, par la puissance de ce sacrifice, une offrande agréable à tes yeux. Par le Christ, notre Seigneur.
— *Amen.*

Antienne de la communion
Qu'ils rendent grâce au Seigneur de son amour,
de ses merveilles pour les hommes :
car il étanche leur soif,
il comble de biens les affamés !
(cf. Ps 106, 8-9)

Prière après la communion
Tu as refait nos forces par le sacrement du ciel, et nous te supplions, Seigneur : accorde-nous d'imiter ton Fils annonçant l'Évangile aux pauvres ; que les exemples de saint Vincent nous y encouragent, et que sa protection nous soutienne. Par le Christ, notre Seigneur. — *Amen.*

INVITATION
Aujourd'hui, l'Église fait mémoire de saint Vincent de Paul.
Je peux rendre grâce pour toutes ces personnes, croyant en Dieu ou non, qui s'approchent des blessés de la vie.

MERCREDI 27 SEPTEMBRE 2023

COMMENTAIRE

Une annonce dépouillée Luc 9, 1-6

Étonnante autorité que celle donnée par Jésus à ses apôtres! Aucun insigne, aucun symbole ne la manifeste. Tout au contraire, les Douze s'en vont par les chemins les mains vides, n'emportant avec eux ni bâton, ni sac, ni pain, ni argent. Dépouillés de tout et donc libres pour proclamer la Bonne Nouvelle. La pauvreté de nos moyens n'est pas un obstacle pour l'annonce de l'Évangile, elle en est la condition! ■

Bertrand Lesoing, prêtre de la communauté Saint-Martin

✷ CLÉ DE LECTURE

« Il les envoya » Luc 9, 2 *(p. 191)*

Cet envoi en mission des Douze trouvera un pendant exact un peu plus loin dans l'envoi de soixante-douze autres disciples (Lc 10, 1). Si les Douze sont envoyés en terre juive, d'autres bien plus nombreux devront aller vers les populations païennes. Un même verbe est utilisé dans les deux cas : « il envoya », verbe « apostellô », correspondant au nom « apostolos », apôtre. Pourtant Luc réserve aux Douze le titre d'apôtres, comme signe d'une génération de référence, différente de toutes les suivantes. Mais la mission reste la même : annoncer le règne de Dieu ou la Bonne Nouvelle (l'Évangile), c'est, au nom de Jésus, guérir ceux qui souffrent. La Bonne Nouvelle du Règne, c'est sa présence annoncée, victorieuse de toutes les forces et de toutes les formes du mal. ■

Roselyne Dupont-Roc, bibliste

JEUDI 28 SEPTEMBRE 2023

25ᵉ SEMAINE DU TEMPS ORDINAIRE COULEUR LITURGIQUE : VERT

Temps ordinaire, *suggestion d'oraisons et d'antiennes nº 23*
ou **saint Venceslas,** *voir p. 199*
ou **saint Laurent Ruiz et ses compagnons,** *voir p. 200*

Antienne d'ouverture
Toi, tu es juste, Seigneur, tu es droit dans ton jugement. Agis pour ton serviteur selon ta miséricorde. (cf. Ps 118, 137.124a)

Prière
Seigneur Dieu, par toi nous vient la rédemption, par toi nous est donnée l'adoption filiale ; dans ta bonté, regarde avec amour tes enfants ; à ceux qui croient au Christ, accorde la vraie liberté et la vie éternelle en héritage. Par Jésus… — *Amen.*

Lecture
du livre du prophète Aggée (1, 1-8)

« Rapportez du bois pour rebâtir la maison de Dieu. Je prendrai plaisir à y demeurer »

La deuxième année du règne de Darius, le premier jour du sixième mois, la parole du Seigneur fut adressée, par l'intermédiaire d'Aggée, le prophète, à Zorobabel* fils de Salathiel, gouverneur de Juda, et à Josué fils de Josédeq, le grand prêtre : Ainsi parle le Seigneur de l'univers. Ces gens-là disent : « Le temps n'est pas encore venu de rebâtir la maison du Seigneur ! » Or, voilà ce que dit le Seigneur par l'intermédiaire d'Aggée,

JEUDI 28 SEPTEMBRE 2023

le prophète : Et pour vous, est-ce bien le temps d'être installés dans vos maisons luxueuses, alors que ma Maison est en ruine ? Et maintenant, ainsi parle le Seigneur de l'univers : Rendez votre cœur attentif à vos chemins : Vous avez semé beaucoup, mais récolté peu ; vous mangez, mais sans être rassasiés ; vous buvez, mais sans être désaltérés ; vous vous habillez, mais sans vous réchauffer ; et le salarié met son salaire dans une bourse trouée. Ainsi parle le Seigneur de l'univers : Rendez votre cœur attentif à vos chemins : Allez dans la montagne, rapportez du bois pour rebâtir la maison de Dieu. Je prendrai plaisir à y demeurer, et j'y serai glorifié – déclare le Seigneur.
– Parole du Seigneur.

Psaume 149
℟ **Le Seigneur aime son peuple !**
OU ***Alléluia !***

Chantez au Seigneur un chant nouveau,
louez-le dans l'assemblée de ses fidèles !
En Israël, joie pour son créateur ;
dans Sion, allégresse pour son Roi ! ℟

Dansez à la louange de son nom,
jouez pour lui, tambourins et cithares !
Car le Seigneur aime son peuple,
il donne aux humbles l'éclat de la victoire. ℟

Que les fidèles exultent, glorieux,
criant leur joie à l'heure du triomphe.
Qu'ils proclament les éloges de Dieu :
c'est la fierté de ses fidèles. ℟

JEUDI 28 SEPTEMBRE 2023

Acclamation de l'Évangile
Alléluia. Alléluia. Moi, je suis le Chemin, la Vérité et la Vie, dit le Seigneur. Personne ne va vers le Père sans passer par moi. ***Alléluia.***

Évangile de Jésus Christ
selon saint Luc (9, 7-9)

« Jean, je l'ai fait décapiter. Mais qui est cet homme dont j'entends dire de telles choses ? »

En ce temps-là, Hérode, qui était au pouvoir en Galilée, entendit parler de tout ce qui se passait et il ne savait que penser. En effet, certains disaient que Jean le Baptiste était ressuscité d'entre les morts. D'autres disaient : « C'est le prophète Élie qui est apparu. » D'autres encore : « C'est un prophète d'autrefois qui est ressuscité. » Quant à Hérode, il disait : « Jean, je l'ai fait décapiter. Mais qui est cet homme dont j'entends dire de telles choses ? » Et il cherchait à le voir.

Prière sur les offrandes
Seigneur Dieu, source de la piété véritable et de la paix, nous t'en prions, accorde-nous d'honorer dignement ta gloire par cette offrande ; que, dans la participation fidèle aux saints mystères, nous prenions davantage conscience de notre unité. Par le Christ, notre Seigneur. — ***Amen.***

JEUDI 28 SEPTEMBRE 2023

Antienne de la communion
Comme un cerf altéré
cherche la source des eaux,
ainsi mon âme te désire, toi,
mon Dieu. Mon âme a soif de Dieu,
le Dieu vivant et fort.
(cf. Ps 41, 2-3)
OU
Je suis la lumière du monde,
dit le Seigneur.
Celui qui me suit ne marchera pas
dans les ténèbres,
il aura la lumière de la vie.
(Jn 8, 12)

Prière après la communion
Par ta parole, Seigneur, et par le sacrement du ciel, tu nourris tes fidèles et tu les fais vivre : accorde-nous de si bien profiter de tels dons que nous soyons associés pour toujours à la vie de ton Fils bien-aimé. Lui qui… — **Amen.**

INVITATION

Dans ma prière, je peux confier au Seigneur une situation qui me rend triste.

JEUDI 28 SEPTEMBRE 2023

COMMENTAIRE

L'amorce d'un chemin
Luc 9, 7-9

Jésus ne laisse personne indifférent, il déroute jusqu'à Hérode qui «ne savait que penser» lorsqu'il entendait parler de lui. Suscitons-nous les mêmes interrogations chez nos contemporains? Pour une part, oui : loin des coups d'éclat ou coups de «com» un peu faciles, notre vie chrétienne peut susciter des questions dans notre entourage, parfois même des incompréhensions qui, à un moment donné, deviennent l'amorce d'un chemin de foi pour tel ou tel de nos proches. ■

Bertrand Lesoing, prêtre de la communauté Saint-Martin

✣ CLÉ DE LECTURE

«Zorobabel»
Aggée 1, 1 *(p. 194)*

Le très bref livre d'Aggée se situe très exactement en 520 avant notre ère, après la première vague de retour des exilés de Babylone. Les difficultés sont nombreuses et l'abattement, sinon le désespoir, guette. Aggée réveille l'espérance en incitant à reconstruire le Temple de Dieu encore en ruines. La présence d'un descendant de la lignée davidique, Zorobabel, rentré lui aussi, doit raviver l'espérance messianique. La promesse de Dieu à son peuple n'est pas vaine, un avenir s'ouvre pour ceux qui veulent bien se mettre à l'œuvre. Une grande importance est accordée aussi aux prêtres et notamment au grand prêtre Josué. Alors que Zorobabel va disparaître brusquement, c'est lui qui sera chargé de la destinée du petit groupe juif autour du Temple reconstruit (Za 6, 11). ■

Roselyne Dupont-Roc, bibliste

JEUDI 28 SEPTEMBRE 2023

Saint Venceslas

Couleur liturgique : rouge

Xᵉ siècle. Duc de Bohême, charitable, pieux et pacifique. Il fut victime de la jalousie de son frère, Boleslav, qui l'attira dans un guet-apens pour l'assassiner.

Antienne d'ouverture
Fidèle à la loi de Dieu,
saint Venceslas a combattu
jusqu'à la mort ; il n'a pas craint
les paroles des impies :
il était solidement établi sur le roc.

Prière
Seigneur Dieu, tu inspirais au saint martyr Venceslas de préférer le royaume du ciel à celui de la terre ; accorde-nous, à son intercession, la force de renoncer à nous-mêmes pour nous attacher à toi de tout notre cœur. Par Jésus Christ… — *Amen.*

Prière sur les offrandes
Par ta bénédiction, nous t'en prions, Seigneur, sanctifie les dons que nous t'offrons ; qu'elle allume en nous, par ta grâce, le feu de cet amour qui donnait à saint Venceslas d'être vainqueur dans tous les supplices infligés à son corps. Par le Christ, notre Seigneur. — *Amen.*

Antienne de la communion
Si quelqu'un veut marcher à ma suite, dit le Seigneur, qu'il renonce
à lui-même, qu'il prenne sa croix,
et qu'il me suive.
(cf. Mt 16, 24)

Prière après la communion
Que la participation aux saints mystères, nous t'en prions, Seigneur, nous donne la force d'âme qui rendit saint Venceslas, ton martyr, fidèle à te servir et victorieux dans la passion qu'il a subie. Par le Christ, notre Seigneur. — *Amen*

JEUDI 28 SEPTEMBRE 2023

Saint Laurent Ruiz et ses compagnons

Couleur liturgique : rouge

XVIIe siècle. Entre 1633 et 1637, seize martyrs versèrent leur sang par amour du Christ à Nagasaki (Japon). Parmi eux, Laurent Ruiz, un laïc de Manille devenu le premier saint philippin.

Antienne d'ouverture

Elles se réjouissent dans les cieux, les âmes des saints qui ont suivi les traces du Christ ; ils ont répandu leur sang par amour pour lui : c'est pourquoi ils exultent avec lui pour l'éternité.

Prière

En la fête des saints martyrs Laurent Ruiz et ses compagnons, accorde-nous, Seigneur notre Dieu, la même endurance à ton service et au service du prochain, car ceux qui souffrent persécution pour la justice sont bienheureux dans ton royaume. Par Jésus Christ…
— **Amen.**

Prière sur les offrandes

Reçois, Père très saint, les offrandes que nous te présentons en faisant mémoire de tes saints martyrs ; accorde aux serviteurs que nous sommes d'être inébranlables dans la confession de ton nom. Par le Christ, notre Seigneur.
— **Amen.**

Antienne de la communion

Elle est grande auprès de Dieu, la récompense des saints : ils sont morts pour le Christ et vivent à jamais.

Prière après la communion

Seigneur Dieu, en tes saints martyrs tu as fait resplendir de manière admirable le mystère de la croix ; puisque nous sommes fortifiés par ce sacrifice, accorde-nous de rester fidèlement unis au Christ, et de travailler dans l'Église au salut de tous. Par le Christ, notre Seigneur. — **Amen.**

VENDREDI 29 SEPTEMBRE 2023
COULEUR LITURGIQUE : BLANC

Saints Michel, Gabriel, Raphaël, archanges
L'Église honore aujourd'hui les archanges Michel, Gabriel et Raphaël, les trois anges, parmi les sept qui se tiennent devant Dieu, à être nommés dans la Bible.

Antienne d'ouverture
**Anges du Seigneur, bénissez le Seigneur,
invincibles porteurs de ses ordres,
attentifs au son de sa parole !** (cf. Ps 102, 20)

Gloire à Dieu (p. 212)

Prière
Seigneur Dieu, avec une sagesse admirable, tu assignes leurs fonctions aux anges et aux hommes ; nous t'en prions : fais que notre vie soit protégée sur la terre par ceux qui, dans le ciel, servent toujours en ta présence. Par Jésus… — **Amen.**

Lectures propres à la fête des saints Michel, Gabriel et Raphaël.

Lecture
de l'Apocalypse de saint Jean (12, 7-12a)

« *Michel, avec ses anges, dut combattre le Dragon* »

Il y eut un combat dans le ciel : Michel, avec ses anges, dut combattre le Dragon. Le Dragon, lui aussi, combattait avec ses anges, mais il ne fut pas le plus fort ; pour eux désormais, nulle place dans le ciel. Oui, il fut rejeté, le grand Dragon*, le Serpent des origines,

VENDREDI 29 SEPTEMBRE 2023

celui qu'on nomme Diable et Satan, le séducteur du monde entier. Il fut jeté sur la terre, et ses anges furent jetés avec lui. Alors j'entendis dans le ciel une voix forte, qui proclamait : « Maintenant voici le salut, la puissance et le règne de notre Dieu, voici le pouvoir de son Christ ! Car il est rejeté, l'accusateur de nos frères, lui qui les accusait, jour et nuit, devant notre Dieu. Eux-mêmes l'ont vaincu par le sang de l'Agneau, par la parole dont ils furent les témoins ; détachés de leur propre vie, ils sont allés jusqu'à mourir. Cieux, soyez donc dans la joie, et vous qui avez aux cieux votre demeure ! »
– Parole du Seigneur.

On peut aussi lire le livre du prophète Daniel 7, 9-10.13-14.

Psaume 137 (138)

℟ **Je te chante, Seigneur, en présence des anges.**

De tout mon cœur, Seigneur, je te rends grâce :
tu as entendu les paroles de ma bouche.
Je te chante en présence des anges,
vers ton temple sacré, je me prosterne. ℟

Je rends grâce à ton nom
　　pour ton amour et ta vérité,
car tu élèves, au-dessus de tout,
　　ton nom et ta parole.

Le jour où tu répondis à mon appel,
tu fis grandir en mon âme la force. ℟

Tous les rois de la terre te rendent grâce
quand ils entendent les paroles
　　de ta bouche.
Ils chantent les chemins du Seigneur :
« Qu'elle est grande,
　　la gloire du Seigneur ! » ℟

VENDREDI 29 SEPTEMBRE 2023

Acclamation de l'Évangile
Alléluia. Alléluia. Tous les anges du Seigneur, bénissez le Seigneur : à lui, haute gloire, louange éternelle ! **Alléluia.**

Évangile de Jésus Christ
selon saint Jean (1, 47-51)

« Vous verrez les anges de Dieu monter et descendre au-dessus du Fils de l'homme »

En ce temps-là, lorsque Jésus vit Nathanaël venir à lui, il déclara à son sujet : « Voici vraiment un Israélite : il n'y a pas de ruse en lui. » Nathanaël lui demande : « D'où me connais-tu ? » Jésus lui répond : « Avant que Philippe t'appelle, quand tu étais sous le figuier, je t'ai vu. » Nathanaël lui dit : « Rabbi, c'est toi le Fils de Dieu ! C'est toi le roi d'Israël ! » Jésus reprend : « Je te dis que je t'ai vu sous le figuier, et c'est pour cela que tu crois ! Tu verras des choses plus grandes encore. » Et il ajoute : « Amen, amen, je vous le dis : vous verrez le ciel ouvert, et les anges de Dieu monter et descendre au-dessus du Fils de l'homme. »

Prière sur les offrandes
Le sacrifice de louange, porté par les anges en présence de ta gloire, nous te l'offrons, Seigneur, avec nos humbles prières : accueille-le favorablement, pour qu'il nous obtienne le salut. Par le Christ, notre Seigneur. — **Amen.**

VENDREDI 29 SEPTEMBRE 2023

Prière eucharistique
(Préface des archanges)

Vraiment, il est juste et bon, pour ta gloire et notre salut, de t'offrir notre action de grâce, toujours et en tout lieu, Seigneur, Père très saint, Dieu éternel et tout-puissant. Oui, il est bon de te chanter pour les archanges et les anges, car c'est ta perfection et ta gloire que rejoint notre louange lorsqu'elle honore ces créatures spirituelles, et leur splendeur manifeste combien tu es grand et surpasses tous les êtres, par le Christ, notre Seigneur. Par lui, la multitude des anges célèbre ta grandeur : dans l'allégresse d'une même adoration, laisse-nous joindre nos voix à leur louange, pour chanter et proclamer : ***Saint ! Saint ! Saint...***

Antienne de la communion

De tout mon cœur, Seigneur,
je te rends grâce :
je te chante en présence des anges.
(Ps 137, 1)

Prière après la communion

Réconfortés par le pain du ciel, nous te supplions, Seigneur : puissions-nous, avec cette force neuve et sous la fidèle protection de tes anges, avancer courageusement dans la voie du salut. Par le Christ, notre Seigneur.
— **Amen.**

INVITATION

Le Mont-Saint-Michel fête son millénaire cette année. Et si je prévoyais un pèlerinage vers ce lieu dédié à l'archange Michel ?

VENDREDI 29 SEPTEMBRE 2023

COMMENTAIRE

Belle vue *Jean 1, 47-51*

« Vous verrez le ciel ouvert », nous dit aujourd'hui Jésus. Oui, le ciel s'ouvrira sur toute la beauté de l'univers invisible peuplé d'anges, il s'ouvrira aussi sur la beauté de ce monde visible et celle de nos propres vies et histoires qui nous paraissent pourtant si grises ou ternes à certains moments. La fête des saints archanges est celle de la beauté encore voilée de toute la Création, une beauté qu'avec les yeux de la foi, nous pouvons d'ores et déjà entrevoir. ■

Bertrand Lesoing, prêtre de la communauté Saint-Martin

✲ CLÉ DE LECTURE

« Le grand Dragon » *Apocalypse 12, 9 (p. 201)*

Le livre de la Genèse faisait de la force du Mal une bête rampante et nue, le soupçon à la porte du cœur humain. À la suite des apocalypses juives spéculant sur la chute des anges, l'auteur de l'Apocalypse en fait un grand Dragon, bête terrifiante qui évoque aussi les grands empires. C'est le moyen de dire sa puissance multiforme : le serpent nu et rusé qui s'insinue, le Diable (en grec « diabolos ») diviseur qui calomnie, le Satan (mot hébreu qui signifie accusateur) qui pousse à accuser, juger, condamner. Cela permet surtout de n'en parler qu'au terme de l'immense combat dans lequel le Mal est enfin vaincu par le pouvoir du Christ. À sa suite, les croyants, qui ne craignent plus la mort, peuvent en être sûrs : ils seront victorieux de l'Ennemi. ■

Roselyne Dupont-Roc, bibliste

SAMEDI 30 SEPTEMBRE 2023

25ᵉ SEMAINE DU TEMPS ORDINAIRE COULEUR LITURGIQUE : BLANC

Saint Jérôme

Vers 347-420. Passionné des saintes Écritures, auteur de la célèbre « Vulgate » (traduction de la Bible en latin à partir des textes grecs et hébreux) et de très nombreux commentaires.

Antienne d'ouverture
**Heureux l'homme qui murmure la loi du Seigneur jour et nuit :
il donne du fruit en son temps.**
(cf. Ps 1, 2-3)

Prière
Seigneur Dieu, tu as donné au bienheureux prêtre Jérôme de goûter la sainte Écriture et d'en vivre ; fais que ton peuple se nourrisse plus abondamment de ta parole et trouve en elle la source de la vie. Par Jésus… — **Amen.**

Lecture

du livre du prophète Zacharie (2, 5-9.14-15a)

« Voici que je viens, j'habiterai au milieu de toi »

Moi, Zacharie, je levai les yeux et voici ce que j'ai vu : un homme qui tenait à la main une chaîne d'arpenteur. Je lui demandai : « Où vas-tu ? » Il me répondit : « Je vais mesurer Jérusalem, pour voir quelle est sa largeur et quelle est sa longueur. » L'ange qui me parlait était en train de sortir, lorsqu'un autre ange sortit le rejoindre et lui dit : « Cours, et dis à ce jeune homme : Jérusalem doit rester une ville ouverte, à cause de la quantité d'hommes et de bétail qui la peupleront. Quant à moi, je serai

SAMEDI 30 SEPTEMBRE 2023

pour elle – oracle du Seigneur – une muraille de feu qui l'entoure, et je serai sa gloire au milieu d'elle. Chante et réjouis-toi, fille de Sion ; voici que je viens, j'habiterai au milieu de toi – oracle du Seigneur. Ce jour-là, des nations nombreuses s'attacheront au Seigneur ; elles seront pour moi un peuple, et j'habiterai au milieu de toi. Alors tu sauras que le Seigneur de l'univers m'a envoyé vers toi. »
– Parole du Seigneur.

Cantique Jérémie 31, 10-12ab.13

℟ *Le Seigneur nous garde, comme un berger son troupeau.*

Écoutez, nations, la parole du Seigneur !
Annoncez dans les îles lointaines :
« Celui qui dispersa Israël le rassemble,
il le garde, comme un berger son troupeau. ℟

Le Seigneur a libéré Jacob,
l'a racheté des mains d'un plus fort.
Ils viennent, criant de joie,
   sur les hauteurs de Sion :
ils affluent vers les biens du Seigneur. ℟

« La jeune fille se réjouit, elle danse ;
jeunes gens, vieilles gens, tous ensemble !
Je change leur deuil en joie,
les réjouis, les console après la peine. » ℟

SAMEDI 30 SEPTEMBRE 2023

Acclamation de l'Évangile
Alléluia. Alléluia. Notre Sauveur, le Christ Jésus, a détruit la mort ; il a fait resplendir la vie par l'Évangile. **Alléluia.**

Évangile de Jésus Christ
selon saint Luc (9, 43b-45)

« Le Fils de l'homme va être livré aux mains des hommes.
Les disciples avaient peur de l'interroger sur cette parole »

En ce temps-là, comme tout le monde était dans l'admiration devant tout ce qu'il faisait, Jésus dit à ses disciples : « Ouvrez bien vos oreilles à ce que je vous dis maintenant : le Fils de l'homme va être livré aux mains des hommes. » Mais les disciples ne comprenaient pas cette parole, elle leur était voilée, si bien qu'ils n'en percevaient pas le sens, et ils avaient peur de l'interroger sur cette parole.

Prière sur les offrandes
Puisque nous venons de méditer ta parole à l'exemple du bienheureux Jérôme, accorde-nous, Seigneur, Dieu de majesté, de mettre plus d'empressement à t'offrir le sacrifice du salut. Par le Christ, notre Seigneur. — **Amen.**

Antienne de la communion
Quand je rencontrais tes paroles,
Seigneur Dieu,
je les dévorais ;
ta Parole faisait ma joie,
les délices de mon cœur.
(cf. Jr 15, 16)

SAMEDI 30 SEPTEMBRE 2023

Prière après la communion
Nous célébrons avec joie, Seigneur, le bienheureux Jérôme ; que le sacrement reçu réveille le cœur de tes fidèles, pour qu'attentifs aux enseignements de l'Écriture, ils découvrent le chemin à suivre et qu'en le suivant, ils parviennent à la vie éternelle. Par le Christ, notre Seigneur. — **Amen.**

INVITATION

La Temps pour la Création dure jusqu'au 4 octobre, fête de saint François d'Assise. Et si je reprenais le cantique des créatures dans ma prière ?

COMMENTAIRE

Mystère à éclaircir   Luc 9, 43b-45

Les disciples ont beau se mettre à l'écoute du Seigneur, le sens de ses paroles leur échappe. L'expérience nous est sans doute familière : nous cherchons à comprendre ce que le Seigneur veut nous dire, mais le sens de bien des événements ou faits de notre vie demeure incompréhensible. Comme les disciples, il nous faut du temps, il nous faut aussi passer par bien des morts et des résurrections pour que, progressivement, la lumière se fasse sur ce que nous vivons. ∎

Bertrand Lesoing, prêtre de la communauté Saint-Martin

Liturgie de la messe

RITES INITIAUX
Le chant d'entrée achevé, le prêtre et les fidèles, debout, font le signe de la croix, tandis que le prêtre, tourné vers le peuple, dit :
Au nom du Père, et du Fils, et du Saint-Esprit.
Le peuple répond :
— **Amen.**

Salutation
La grâce de Jésus, le Christ, notre Seigneur, l'amour de Dieu le Père, et la communion de l'Esprit Saint soient toujours avec vous.
— **Et avec votre esprit.**
Ou bien : Que la grâce et la paix de Dieu notre Père et du Seigneur Jésus, le Christ, soient toujours avec vous.
— **Et avec votre esprit.**
Ou bien : Le Seigneur soit avec vous.
— **Et avec votre esprit.**

Acte pénitentiel
Frères et sœurs, préparons-nous à célébrer le mystère de l'eucharistie, en reconnaissant que nous avons péché.

> **(1)** Je confesse à Dieu tout-puissant, je reconnais devant vous, frères et sœurs, que j'ai péché en pensée, en parole, par action et par omission ; oui, j'ai vraiment péché. C'est pourquoi je supplie la bienheureuse Vierge Marie, les anges et tous les saints, et vous aussi, frères et sœurs, de prier pour moi le Seigneur notre Dieu.

(2) Prends pitié de nous, Seigneur. — ***Nous avons péché contre toi.***
Montre-nous, Seigneur, ta miséricorde. — ***Et donne-nous ton salut.***

(3) Seigneur Jésus, envoyé pour guérir les cœurs qui reviennent vers toi :
Seigneur, prends pitié. — ***Seigneur, prends pitié.***
Ô Christ, venu appeler les pécheurs : ô Christ, prends pitié.
— ***Ô Christ, prends pitié.***
Seigneur, qui sièges à la droite du Père où tu intercèdes pour nous :
Seigneur, prends pitié. — ***Seigneur, prends pitié.***

Que Dieu tout-puissant nous fasse miséricorde ; qu'il nous pardonne nos péchés et nous conduise à la vie éternelle. — ***Amen.***

Ensuite, on chante ou on dit le Kyrie eleison (Seigneur, prends pitié), à moins qu'il n'ait été déjà employé dans une formule de l'acte pénitentiel (c'est le cas de la précédente).
Kyrie, eleison. — ***Kyrie, eleison.***
Christe, eleison. — ***Christe, eleison.***
Kyrie, eleison. — ***Kyrie, eleison.***
ou bien : Seigneur, prends pitié. — ***Seigneur, prends pitié.***
Ô Christ, prends pitié. — ***Ô Christ, prends pitié.***
Seigneur, prends pitié. — ***Seigneur, prends pitié.***

LA LITURGIE - RITES INITIAUX

Gloire à Dieu

Gloire à Dieu, au plus haut des cieux, et paix sur la terre aux hommes, qu'il aime. Nous te louons, nous te bénissons, nous t'adorons, nous te glorifions, nous te rendons grâce, pour ton immense gloire, Seigneur Dieu, Roi du ciel, Dieu le Père tout-puissant.
Seigneur, Fils unique, Jésus Christ, Seigneur Dieu,
Agneau de Dieu, le Fils du Père ;
toi qui enlèves les péchés du monde, prends pitié de nous ;
toi qui enlèves les péchés du monde, reçois notre prière ;
toi qui es assis à la droite du Père, prends pitié de nous.
Car toi seul es Saint, toi seul es Seigneur, toi seul es le Très-Haut :
Jésus Christ, avec le Saint-Esprit dans la gloire de Dieu le Père. Amen.

Gloria in excelsis Deo et in terra pax hominibus bonæ voluntatis. Laudamus te, benedicimus te, adoramus te, glorificamus te, gratias agimus tibi propter magnam gloriam tuam, Domine Deus, Rex cœlestis, Deus Pater omnipotens. Domine Fili unigenite, Iesu Christe, Domine Deus, Agnus Dei, Filius Patris, qui tollis peccata mundi, miserere nobis ; qui tollis peccata mundi, suscipe deprecationem nostram. Qui sedes ad dexteram Patris, miserere nobis.
Quoniam tu solus Sanctus, tu solus Dominus, tu solus Altissimus, Iesu Christe, cum Sancto Spiritu : in gloria Dei Patris. Amen.

Prière d'ouverture

Voir à la date du jour.

LITURGIE DE LA PAROLE

Voir à la date du jour.

Profession de foi
Symbole de Nicée-Constantinople

Je crois en un seul Dieu, le Père tout-puissant,
créateur du ciel et de la terre, de l'univers visible et invisible.
Je crois en un seul Seigneur, Jésus Christ, le Fils unique de Dieu,
né du Père avant tous les siècles : il est Dieu, né de Dieu,
lumière née de la lumière, vrai Dieu, né du vrai Dieu,
engendré, non pas créé, consubstantiel au Père, et par lui tout a été fait.
Pour nous les hommes, et pour notre salut, il descendit du ciel ;
par l'Esprit Saint, il a pris chair de la Vierge Marie, et s'est fait homme.
Crucifié pour nous sous Ponce Pilate,
il souffrit sa passion et fut mis au tombeau.
Il ressuscita le troisième jour, conformément aux Écritures,
et il monta au ciel ; il est assis à la droite du Père.
Il reviendra dans la gloire, pour juger les vivants et les morts ;
et son règne n'aura pas de fin.
Je crois en l'Esprit Saint, qui est Seigneur et qui donne la vie ;
il procède du Père et du Fils ; avec le Père et le Fils,
il reçoit même adoration et même gloire ; il a parlé par les prophètes.
Je crois en l'Église, une, sainte, catholique et apostolique.
Je reconnais un seul baptême pour le pardon des péchés.
J'attends la résurrection des morts, et la vie du monde à venir. Amen.

Credo in unum Deum, Patrem omnipotentem,
Factorem cœli et terræ, visibilium omnium et invisibilium.
Et in unum Dominum Iesum Christum, Filium Dei unigenitum,
et ex Patre natum ante omnia sæcula.
Deum de Deo, lumen de lumine, Deum verum de Deo vero, genitum,
non factum, consubstantialem Patri : per quem omnia facta sunt.
Qui propter nos homines et propter nostram salutem descendit de cœlis.
Et incarnatus est de Spiritu Sancto ex Maria Virgine, et homo factus est.
Crucifixus etiam pro nobis sub Pontio Pilato ;
passus et sepultus est, et resurrexit tertia die, secundum Scripturas,
et ascendit in cœlum, sedet ad dexteram Patris.
Et iterum venturus est cum gloria, iudicare vivos et mortuos,
cuius regni non erit finis.
Et in Spiritum Sanctum, Dominum et vivificantem :
qui ex Patre Filioque procedit.
Qui cum Patre et Filio simul adoratur et conglorificatur :
qui locutus est per prophetas.
Et unam, sanctam, catholicam et apostolicam Ecclesiam.
Confiteor unum baptisma in remissionem peccatorum.
Et exspecto resurrectionem mortuorum, et vitam venturi sæculi.
Amen.

Symbole des Apôtres

> Je crois en Dieu, le Père tout-puissant, créateur du ciel et de la terre.
> Et en Jésus Christ, son Fils unique, notre Seigneur,
> qui a été conçu du Saint-Esprit, est né de la Vierge Marie,
> a souffert sous Ponce Pilate, a été crucifié, est mort et a été enseveli,
> est descendu aux enfers, le troisième jour est ressuscité des morts,
> est monté aux cieux, est assis à la droite de Dieu le Père tout-puissant,
> d'où il viendra juger les vivants et les morts.
> Je crois en l'Esprit Saint, à la sainte Église catholique,
> à la communion des saints, à la rémission des péchés,
> à la résurrection de la chair, à la vie éternelle. Amen.

Prière universelle

LITURGIE EUCHARISTIQUE
Préparation des dons

Tu es béni, Seigneur, Dieu de l'univers : nous avons reçu de ta bonté le pain
que nous te présentons, fruit de la terre et du travail des hommes ;
il deviendra pour nous le pain de la vie. — *Béni soit Dieu, maintenant et toujours !*
Comme cette eau se mêle au vin pour le sacrement de l'Alliance,
puissions-nous être unis à la divinité de celui qui a voulu prendre notre humanité.
Tu es béni, Seigneur, Dieu de l'univers : nous avons reçu de ta bonté le vin
que nous te présentons, fruit de la vigne et du travail des hommes ;
il deviendra pour nous le vin du Royaume éternel.
—*Béni soit Dieu, maintenant et toujours !*

*Le cœur humble et contrit, nous te supplions, Seigneur, accueille-nous :
que notre sacrifice, en ce jour, trouve grâce devant toi, Seigneur notre Dieu.
Lave-moi de mes fautes, Seigneur, et purifie-moi de mon péché.*

Prière sur les offrandes
Priez, frères et sœurs : que mon sacrifice, qui est aussi le vôtre,
soit agréable à Dieu le Père tout-puissant.
**— Que le Seigneur reçoive de vos mains ce sacrifice à la louange
et à la gloire de son nom, pour notre bien et celui de toute l'Église.**
Ou bien :
Prions ensemble, au moment d'offrir le sacrifice de toute l'Église.
— Pour la gloire de Dieu et le salut du monde.

Prière eucharistique
Le Seigneur soit avec vous.
— Et avec votre esprit.
Élevons notre cœur.
— Nous le tournons vers le Seigneur.
Rendons grâce au Seigneur notre Dieu.
— Cela est juste et bon.

Préfaces

5ᵉ préface des dimanches
La Création

Vraiment, il est juste et bon, pour ta gloire et notre salut, de t'offrir notre action de grâce, toujours et en tout lieu, Seigneur, Père très saint, Dieu éternel et tout-puissant. Toi, le Créateur de tous les éléments du monde, Maître des temps et de l'histoire, tu as formé l'homme à ton image et lui as soumis l'univers et ses merveilles ; tu lui as confié ta création afin qu'il en soit le gardien et qu'en admirant ton œuvre il ne cesse de te rendre grâce, par le Christ, notre Seigneur. C'est pourquoi nous te louons avec tous les anges et, dans la joie, nous te célébrons en proclamant : ***Saint ! Saint ! Saint...***

6ᵉ préface des dimanches
Les arrhes de la Pâque éternelle

Vraiment, il est juste et bon, pour ta gloire et notre salut, de t'offrir notre action de grâce, toujours et en tout lieu, Seigneur, Père très saint, Dieu éternel et tout-puissant. C'est en toi que nous sont donnés la vie, le mouvement et l'être ; dans notre corps, nous éprouvons chaque jour les effets de ta tendresse, et nous avons déjà la promesse de la vie éternelle : nous avons reçu les premiers dons de l'Esprit par qui tu as ressuscité Jésus d'entre les morts, et nous tenons cette espérance que vive à jamais en nous le mystère de Pâques. C'est pourquoi nous te louons avec tous les anges et, dans la joie, nous te célébrons en proclamant : ***Saint ! Saint ! Saint...***

1ʳᵉ préface commune
Récapitulation de toutes choses dans le Christ

Vraiment, il est juste et bon, pour ta gloire et notre salut, de t'offrir notre action de grâce, toujours et en tout lieu, Seigneur, Père très saint, Dieu éternel et tout-puissant, par le Christ, notre Seigneur. En lui tu as voulu récapituler toutes choses, et tu nous as fait partager la vie qu'il possède en plénitude. Lui qui est de condition divine, il s'est anéanti pour donner au monde la paix par le sang de sa croix ; élevé au-dessus de toute créature, il est devenu pour tous ceux qui lui obéissent la cause du salut éternel. C'est pourquoi, avec les anges et les archanges, avec les puissances d'en haut et tous les esprits bienheureux, nous chantons l'hymne de ta gloire et sans fin nous proclamons : *Saint ! Saint ! Saint...*

2ᵉ préface commune

Le salut par le Christ

Vraiment, il est juste et bon, pour ta gloire et notre salut, de t'offrir notre action de grâce, toujours et en tout lieu, Seigneur, Père très saint, Dieu éternel et tout-puissant. Dans ta bonté, tu as créé l'homme ; et, comme il avait mérité la condamnation, tu l'as racheté dans ta miséricorde, par le Christ, notre Seigneur. Par lui, les anges célèbrent ta grandeur, et les esprits bienheureux adorent ta gloire ; par lui s'inclinent devant toi les puissances d'en haut, et tressaillent d'une même allégresse les innombrables créatures des cieux. À leur hymne de louange, laisse-nous joindre nos voix pour chanter et proclamer : *Saint ! Saint ! Saint...*

2ᵉ préface de la Vierge Marie

L'Église loue Dieu avec les paroles de Marie

Vraiment, Père très saint, il est juste et bon, pour ta gloire et notre salut, de te proclamer admirable dans le triomphe de tous les saints, et, plus encore, de dire la grandeur de ta bonté pour fêter la bienheureuse Vierge Marie, en reprenant son cantique d'action de grâce. Oui, tu as fait des merveilles pour la terre entière et tu as étendu ta miséricorde à tous les âges, en choisissant ton humble servante pour donner au monde le Sauveur, ton Fils, le Seigneur Jésus

Christ. Par lui, les anges adorent ta majesté et se réjouissent en ta présence à jamais. À leur hymne de louange, laisse-nous joindre nos voix pour chanter et proclamer :
Saint ! Saint ! Saint…

2ᵉ préface des Apôtres

Les Apôtres, fondements
de l'Église et témoins

Vraiment, il est juste et bon, pour ta gloire et notre salut, de t'offrir notre action de grâce, toujours et en tout lieu, Seigneur, Père très saint, Dieu éternel et tout-puissant, par le Christ, notre Seigneur. Car tu as fondé ton Église sur les Apôtres, pour qu'elle soit à jamais dans le monde le signe de ta sainteté, et qu'elle enseigne à tous les hommes l'Évangile du royaume des Cieux. C'est pourquoi, dès maintenant et pour l'éternité, nous pouvons te chanter avec tous les anges et, d'un cœur fervent, proclamer : *Saint ! Saint ! Saint…*

2ᵉ préface des saints

Le rôle des saints

Vraiment, il est juste et bon, pour ta gloire et notre salut, de t'offrir notre action de grâce, toujours et en tout lieu, Seigneur, Père très saint, Dieu éternel et tout-puissant, par le Christ, notre Seigneur. Tu ne cesses de fortifier ton Église, et tu lui donnes une fécondité nouvelle par la foi admirable dont témoignent les saints ; tu nous présentes en eux des signes très sûrs de ton amour. Et pour que s'accomplissent les mystères du salut, le rayonnement de leur exemple nous stimule, et leur intercession fervente nous assure un appui. C'est pourquoi, avec les anges et tous les saints, nous te louons, Seigneur, et nous exultons de joie en proclamant : *Saint ! Saint ! Saint…*

1ʳᵉ préface des saints martyrs

Signification et valeur exemplaire du martyre

Vraiment, il est juste et bon, pour ta gloire et notre salut, de t'offrir notre action de grâce, toujours et en tout lieu, Seigneur, Père très saint, Dieu éternel et tout-puissant. Nous reconnaissons un signe éclatant de ta grâce dans le martyre de saint (de sainte, des saints, des saintes) N. ; en répandant son (leur) propre sang comme le Christ, il a (elle a, ils ont, elles ont) glorifié ton nom. C'est ta puissance qui se déploie dans la faiblesse quand tu donnes à des êtres fragiles de te rendre témoignage par le Christ, notre Seigneur. C'est pourquoi, avec les puissances des cieux, nous pouvons te bénir sur la terre et t'adorer sans fin en proclamant : *Saint ! Saint ! Saint…*

Préface des saints pasteurs

La présence des saints pasteurs dans l'Église

Vraiment, il est juste et bon, pour ta gloire et notre salut, de t'offrir notre action de grâce, toujours et en tout lieu, Seigneur, Père très saint, Dieu éternel et tout-puissant, par le Christ, notre Seigneur. Tu donnes à ton Église de se réjouir en la fête de saint (des saints) N. : par l'exemple qu'il a (qu'ils ont) donné, tu nous encourages, par son (leur) enseignement, tu nous éclaires, à sa (leur) prière, tu veilles sur nous. C'est pourquoi, avec la multitude des anges et des saints, nous chantons l'hymne de ta gloire et sans fin nous proclamons : *Saint ! Saint ! Saint…*

Préface des saintes vierges, et des saints religieux ou religieuses

Signification de la vie consacrée

Vraiment, il est juste et bon, pour ta gloire et notre salut, de t'offrir notre action de grâce, toujours et en tout lieu, Seigneur, Père très saint, Dieu éternel et tout-puissant. Nous célébrons les prévenances de ton amour pour tant d'hommes et de femmes parvenus à la sainteté en se donnant au Christ à cause du royaume des Cieux. Par ce mystère d'alliance, tu veux que notre condition humaine retrouve sa splendeur première, et que, dès ici-bas, nous ayons un avant-goût des biens que tu nous donneras dans le monde à venir. C'est pourquoi, avec les saints et tous les anges, nous te louons et sans fin nous proclamons :

**Saint ! Saint ! Saint, le Seigneur,
Dieu de l'univers !
Le ciel et la terre
sont remplis de ta gloire.
Hosanna au plus haut des cieux.
Béni soit celui qui vient
au nom du Seigneur.
Hosanna au plus haut des cieux.**

*Sanctus, Sanctus, Sanctus
Dominus Deus Sabaoth.
Pleni sunt cœli et terra gloria tua.
Hosanna in excelsis.
Benedictus qui venit in nomine
Domini. Hosanna in excelsis.*

- *Prière eucharistique 1*
« Toi, Père très aimant... » ....p. 222
- *Prière eucharistique 2*
« Toi qui es vraiment saint... » ....p. 226
- *Prière eucharistique 3*
« Tu es vraiment saint... » ....p. 229
- *Prière eucharistique 4*
« Père très saint... » ....p. 232
- *Prière eucharistique*
pour circonstances particulières 1
« Vraiment, tu es saint... » ....p. 236

LA LITURGIE - LES PRÉFACES

Prière eucharistique n° 1

(Préfaces : p. 217)

Toi, Père très aimant, nous te prions et te supplions par Jésus Christ, ton Fils, notre Seigneur, d'accepter et de bénir ✝ ces dons, ces offrandes, sacrifice pur et saint, que nous te présentons avant tout pour ta sainte Église catholique : accorde-lui la paix et protège-la, daigne la rassembler dans l'unité et la gouverner par toute la terre ; nous les présentons en union avec ton serviteur notre pape N., notre évêque N., et tous ceux qui gardent fidèlement la foi catholique reçue des Apôtres.

Souviens-toi, Seigneur, de tes serviteurs et de tes servantes (de N. et de N.), et de tous ceux qui sont ici réunis, dont tu connais la foi et l'attachement. Nous t'offrons pour eux, ou ils t'offrent pour eux-mêmes et tous les leurs ce sacrifice de louange, pour leur propre rédemption, pour la paix, et le salut qu'ils espèrent ; ils te rendent cet hommage, à toi, Dieu éternel, vivant et vrai.

(1) **En semaine :**
● Unis dans une même communion, vénérant d'abord la mémoire de la bienheureuse Marie toujours vierge, Mère de notre Dieu et Seigneur, Jésus Christ, •••

(2) **Le dimanche :**
● Unis dans une même communion, nous célébrons le jour où le Christ est ressuscité d'entre les morts ; et vénérant d'abord la mémoire de la bienheureuse Marie toujours vierge, Mère de notre Dieu et Seigneur, Jésus Christ, •••

(3) **À la Nativité de la Vierge Marie :**
● Unis dans une même communion, nous célébrons le jour de la naissance de la Vierge Marie, que tu as choisie depuis toujours pour être la Mère

Prière eucharistique n° 1

du Sauveur ; et vénérant d'abord la mémoire de cette Vierge bienheureuse, la Mère de notre Dieu et Seigneur, Jésus Christ, **...**

... et celle de saint Joseph, son époux, des bienheureux Apôtres et martyrs Pierre et Paul, André, [Jacques et Jean, Thomas, Jacques et Philippe, Barthélemy et Matthieu, Simon et Jude, Lin, Clet, Clément, Sixte, Corneille et Cyprien, Laurent, Chrysogone, Jean et Paul, Côme et Damien,] et de tous les saints, nous t'en supplions : accorde-nous, par leur prière et leurs mérites, d'être toujours et partout, forts de ton secours et de ta protection. [Par le Christ, notre Seigneur. Amen.]

Voici donc l'offrande que nous présentons devant toi, nous, tes serviteurs, et ta famille entière : Seigneur, dans ta bienveillance, accepte-la. Assure toi-même la paix de notre vie, arrache-nous à la damnation éternelle et veuille nous admettre au nombre de tes élus. [Par le Christ, notre Seigneur. Amen.]

Seigneur Dieu, nous t'en prions, daigne bénir et accueillir cette offrande, accepte-la pleinement, rends-la parfaite et digne de toi : qu'elle devienne pour nous le corps et le sang de ton Fils bien-aimé, Jésus, le Christ, notre Seigneur.

La veille de sa passion, il prit le pain dans ses mains très saintes et, les yeux levés au ciel, vers toi, Dieu, son Père tout-puissant, en te rendant grâce il dit la bénédiction, il rompit le pain, et le donna à ses disciples, en disant : « Prenez, et mangez-en tous : ceci est mon corps livré pour vous. »
De même, après le repas, il prit cette coupe incomparable dans ses mains très saintes ; et, te rendant grâce à

Prière eucharistique nº 1

nouveau, il dit la bénédiction, et donna la coupe à ses disciples, en disant : « Prenez, et buvez-en tous, car ceci est la coupe de mon sang, le sang de l'Alliance nouvelle et éternelle, qui sera versé pour vous et pour la multitude en rémission des péchés. Vous ferez cela en mémoire de moi. »

(1) Il est grand, le mystère de la foi :
— *Nous annonçons ta mort, Seigneur Jésus, nous proclamons ta résurrection, nous attendons ta venue dans la gloire.*

(2) Acclamons le mystère de la foi :
— *Quand nous mangeons ce pain et buvons à cette coupe, nous annonçons ta mort, Seigneur ressuscité, et nous attendons que tu viennes.*

(3) Qu'il soit loué, le mystère de la foi :
— *Sauveur du monde, sauve-nous ! Par ta croix et ta résurrection, tu nous as libérés.*

ou :
Proclamons le mystère de la foi :
— *Gloire à toi qui étais mort, gloire à toi qui es vivant, notre Sauveur et notre Dieu : viens, Seigneur Jésus !*

Mysterium fidei.
(1) — *Mortem tuam annuntiamus, Domine, et tuam resurrectionem confitemur, donec venias.*

(2) — *Quotiescumque manducamus panem hunc et calicem bibimus, mortem tuam annuntiamus, Domine, donec venias.*

(3) — *Salvator mundi, salva nos, qui per crucem et resurrectionem tuam liberasti nos.*

Voilà pourquoi nous, tes serviteurs, et ton peuple saint avec nous, faisant mémoire de la passion bienheureuse de ton Fils, Jésus, le Christ, notre Seigneur,

Prière eucharistique nº 1

de sa résurrection du séjour des morts et de sa glorieuse ascension dans le ciel, nous te présentons, Dieu de gloire et de majesté, cette offrande prélevée sur les biens que tu nous donnes, le sacrifice pur et saint, le sacrifice parfait, pain de la vie éternelle et coupe du salut. Et comme il t'a plu d'accueillir les présents de ton serviteur Abel le Juste, le sacrifice d'Abraham, notre père dans la foi, et celui que t'offrit Melkisédek, ton grand prêtre, oblation sainte et immaculée, regarde ces offrandes avec amour et, dans ta bienveillance, accepte-les. Nous t'en supplions, Dieu tout-puissant : qu'elles soient portées par les mains de ton saint Ange en présence de ta gloire, sur ton autel céleste, afin qu'en recevant ici, par notre communion à l'autel, le corps et le sang très saints de ton Fils, nous soyons comblés de la grâce et de toute bénédiction du ciel. [Par le Christ, notre Seigneur. Amen.]

Souviens-toi aussi, Seigneur, de tes serviteurs et de tes servantes (de N. et N.) qui nous ont précédés, marqués du signe de la foi, et qui dorment dans la paix. Pour eux et pour tous ceux qui reposent dans le Christ, nous implorons ta bonté, Seigneur : qu'ils demeurent dans la joie, la lumière et la paix. [Par le Christ, notre Seigneur. Amen.]

Et nous pécheurs, tes serviteurs, qui mettons notre espérance en ta miséricorde inépuisable, admets-nous dans la communauté des saints Apôtres et martyrs, avec Jean Baptiste, Étienne, Matthias et Barnabé, [Ignace, Alexandre, Marcellin et Pierre, Félicité et Perpétue, Agathe, Lucie, Agnès, Cécile, Anastasie,] et tous les saints ; nous t'en prions, accueille-nous dans leur compagnie, sans nous juger sur le mérite mais en accordant largement ton pardon. Par le Christ,

Prière eucharistique nº 2

notre Seigneur. Par lui, tu ne cesses de créer tous ces biens, tu les sanctifies, leur donnes la vie, les bénis, et nous en fais le don.

Prière eucharistique nº 2
(On peut aussi choisir une autre préface.)

Vraiment, Père très saint, il est juste et bon, pour ta gloire et notre salut, de t'offrir notre action de grâce, toujours et en tout lieu, par ton Fils bien-aimé, Jésus, le Christ : il est ta parole par qui tu as créé toutes choses ; c'est lui que tu nous as envoyé comme Rédempteur et Sauveur, Dieu fait homme, conçu de l'Esprit Saint, né de la Vierge Marie. Pour accomplir jusqu'au bout ta volonté et rassembler un peuple saint qui t'appartienne, il étendit les mains à l'heure de sa passion, afin de briser la mort, et de manifester la résurrection. C'est pourquoi, avec les anges et tous les saints, nous chantons ta gloire, et d'une seule voix nous proclamons :

Saint ! Saint ! Saint, le Seigneur, Dieu de l'univers ! Le ciel et la terre sont remplis de ta gloire. Hosanna au plus haut des cieux. Béni soit celui qui vient au nom du Seigneur. Hosanna au plus haut des cieux.

(Voir p. 221 pour la version latine.)

Par lui, avec lui et en lui, à toi, Dieu le Père tout-puissant, dans l'unité du Saint-Esprit, tout honneur et toute gloire, pour les siècles des siècles.
— *Amen.*

Vient ensuite le rite de la communion, p. 239.

(1) En semaine :
● Toi qui es vraiment saint, toi qui es la source de toute sainteté, Seigneur, nous te prions : •••

Prière eucharistique n° 2

(2) Le dimanche :
● Toi qui es vraiment saint, toi qui es la source de toute sainteté, Dieu notre Père, nous voici rassemblés devant toi, et, dans la communion de toute l'Église, nous célébrons le jour où le Christ est ressuscité d'entre les morts. Par lui que tu as élevé à ta droite, nous te prions : ●●●

(3) À la Nativité de la Vierge Marie :
● Toi qui es vraiment saint, toi qui es la source de toute sainteté, Dieu notre Père, nous voici rassemblés devant toi, et, dans la communion de toute l'Église, nous célébrons le jour de la naissance de la Vierge Marie, que tu avais choisie depuis toujours pour être la mère de notre Rédempteur et Sauveur, Jésus Christ. Par lui, nous te prions : ●●●

●●● Sanctifie ces offrandes en répandant sur elles ton Esprit ; qu'elles deviennent pour nous le corps et ✚ le sang de Jésus, le Christ, notre Seigneur.

Au moment d'être livré et d'entrer librement dans sa passion, il prit le pain, il rendit grâce, il le rompit et le donna à ses disciples, en disant : « Prenez, et mangez-en tous : ceci est mon corps livré pour vous. »
De même, après le repas, il prit la coupe ; de nouveau il rendit grâce, et la donna à ses disciples, en disant : « Prenez, et buvez-en tous, car ceci est la coupe de mon sang, le sang de l'Alliance nouvelle et éternelle, qui sera versé pour vous et pour la multitude en rémission des péchés. Vous ferez cela en mémoire de moi. »

(1) Il est grand, le mystère de la foi :
— *Nous annonçons ta mort, Seigneur Jésus, nous proclamons ta résurrection, nous attendons ta venue dans la gloire.*

LA LITURGIE - PRIÈRES EUCHARISTIQUES

Prière eucharistique nº 2

(2) Acclamons le mystère de la foi :
— *Quand nous mangeons ce pain*
et buvons à cette coupe,
nous annonçons ta mort,
Seigneur ressuscité,
et nous attendons que tu viennes.

(3) Qu'il soit loué, le mystère de la foi :
— *Sauveur du monde, sauve-nous !*
Par ta croix et ta résurrection,
tu nous as libérés.
ou
Proclamons le mystère de la foi :
— *Gloire à toi qui étais mort,*
gloire à toi qui es vivant,
notre Sauveur et notre Dieu :
viens, Seigneur Jésus !
(Voir p. 224 pour la version latine.)

En faisant ainsi mémoire de la mort et de la résurrection de ton Fils, nous t'offrons, Seigneur, le pain de la vie et la coupe du salut, et nous te rendons grâce, car tu nous as estimés dignes de nous tenir devant toi pour te servir. Humblement, nous te demandons qu'en ayant part au corps et au sang du Christ, nous soyons rassemblés par l'Esprit Saint en un seul corps.

Souviens-toi, Seigneur, de ton Église répandue à travers le monde : fais-la grandir dans ta charité en union avec notre pape N., notre évêque N., et tous les évêques, les prêtres et les diacres.

Souviens-toi aussi de nos frères et sœurs qui se sont endormis dans l'espérance de la résurrection, et souviens-toi, dans ta miséricorde, de tous les défunts : accueille-les dans la lumière de ton visage.

Sur nous tous enfin, nous implorons ta bonté : permets qu'avec la Vierge Marie, la bienheureuse Mère de Dieu, avec saint Joseph, son époux, les Apôtres et tous les saints qui ont fait ta joie au long des âges, nous ayons part à la vie éternelle et que nous chantions ta louange et ta gloire, par ton Fils Jésus, le Christ.

Prière eucharistique n° 3
(Préfaces : p. 217)

Tu es vraiment saint, Dieu de l'univers, et il est juste que toute la création proclame ta louange, car c'est toi qui donnes la vie, c'est toi qui sanctifies toutes choses, par ton Fils, Jésus Christ, notre Seigneur, avec la puissance de l'Esprit Saint ; et tu ne cesses de rassembler ton peuple, afin que, du levant au couchant du soleil, une offrande pure soit présentée à ton nom.

(1) En semaine :
● C'est pourquoi nous te supplions, Seigneur, de consacrer toi-même les offrandes que nous apportons : **…**

Prière eucharistique n° 3

Par lui, avec lui et en lui, à toi, Dieu le Père tout-puissant, dans l'unité du Saint-Esprit, tout honneur et toute gloire, pour les siècles des siècles.
— **Amen.**

Vient ensuite le rite de la communion, p. 239.

(2) Le dimanche :
● C'est pourquoi nous voici rassemblés devant toi, Dieu notre Père, et, dans la communion de toute l'Église, nous célébrons le jour où le Christ est ressuscité d'entre les morts. Par lui, que tu as élevé à ta droite, nous te supplions de consacrer toi-même les offrandes que nous apportons : **…**

(3) À la Nativité de la Vierge Marie :
● C'est pourquoi nous voici rassemblés devant toi, Dieu notre Père, et, dans la communion de toute l'Église, nous célébrons le jour de la naissance de

Prière eucharistique n° 3

la Vierge Marie, que tu avais choisie depuis toujours pour être la mère de notre Rédempteur et Sauveur, Jésus Christ. Par lui, nous te supplions de consacrer toi-même les offrandes que nous apportons : •••

••• Sanctifie-les par ton Esprit pour qu'elles deviennent le corps ✛ et le sang de ton Fils, Jésus Christ, notre Seigneur, qui nous a dit de célébrer ce mystère.

La nuit même où il fut livré, il prit le pain, en te rendant grâce il dit la bénédiction, il rompit le pain, et le donna à ses disciples, en disant : « **Prenez, et mangez-en tous** : ceci est mon corps livré pour vous. »
De même, après le repas, il prit la coupe ; en te rendant grâce il dit la bénédiction, et donna la coupe à ses disciples, en disant : « **Prenez, et buvez-en tous**, car ceci est la coupe de mon sang, le sang de l'Alliance nouvelle et éternelle, qui sera versé pour vous et pour la multitude en rémission des péchés. Vous ferez cela en mémoire de moi. »

(1) Il est grand, le mystère de la foi :
— *Nous annonçons ta mort, Seigneur Jésus, nous proclamons ta résurrection, nous attendons ta venue dans la gloire.*

(2) Acclamons le mystère de la foi :
— *Quand nous mangeons ce pain et buvons à cette coupe, nous annonçons ta mort, Seigneur ressuscité, et nous attendons que tu viennes.*

(3) Qu'il soit loué, le mystère de la foi :
— *Sauveur du monde, sauve-nous ! Par ta croix et ta résurrection, tu nous as libérés.*
ou : Proclamons le mystère de la foi :
— *Gloire à toi qui étais mort, gloire à toi qui es vivant, notre Sauveur et notre Dieu : viens, Seigneur Jésus !*
(Voir p. 224 pour la version latine.)

Prière eucharistique n° 3

En faisant ainsi mémoire de ton Fils, de sa passion qui nous sauve, de sa glorieuse résurrection et de son ascension dans le ciel, alors que nous attendons son dernier avènement, nous t'offrons, Seigneur, en action de grâce, ce sacrifice vivant et saint. Regarde, nous t'en prions, l'oblation de ton Église, et daigne y reconnaître ton Fils qui, selon ta volonté, s'est offert en sacrifice pour nous réconcilier avec toi. Quand nous serons nourris de son corps et de son sang, et remplis de l'Esprit Saint, accorde-nous d'être un seul corps et un seul esprit dans le Christ.

Que l'Esprit Saint fasse de nous une éternelle offrande à ta gloire, pour que nous obtenions un jour l'héritage promis, avec tes élus : en premier lieu la bienheureuse Vierge Marie, Mère de Dieu, avec saint Joseph, son époux, les bienheureux Apôtres, les glorieux martyrs, (saint N.) et tous les saints, qui ne cessent d'intercéder auprès de toi et nous assurent de ton secours.

Et maintenant nous te supplions, Seigneur : par le sacrifice qui nous réconcilie avec toi, étends au monde entier le salut et la paix. Affermis ton Église, en pèlerinage sur la terre, dans la foi et la charité, en union avec ton serviteur notre pape N., et notre évêque N., l'ensemble des évêques, les prêtres, les diacres, et tout le peuple que tu as racheté. Écoute, en ta bonté, les prières de ta famille, que tu as voulu rassembler devant toi. Dans ta miséricorde, ramène à toi, Père très aimant, tous tes enfants dispersés.

Pour nos frères et sœurs défunts, et pour tous ceux qui ont quitté ce monde et trouvent grâce devant toi, nous te prions : en ta bienveillance, accueille-les dans ton Royaume, où nous espérons être comblés de ta

Prière eucharistique n° 4

gloire, tous ensemble et pour l'éternité, par le Christ, notre Seigneur, par qui tu donnes au monde toute grâce et tout bien.

Par lui, avec lui et en lui, à toi, Dieu le Père tout-puissant, dans l'unité du Saint-Esprit, tout honneur et toute gloire, pour les siècles des siècles.
— **Amen.**

Vient ensuite le rite de la communion, p. 239.

Prière eucharistique n° 4

Vraiment, il est bon de te rendre grâce, il est juste et bon de te glorifier, Père très saint, car tu es le seul Dieu, le Dieu vivant et vrai : toi qui es avant tous les siècles, tu demeures éternellement, lumière au-delà de toute lumière. Toi, le Dieu de bonté, la source de la vie, tu as fait le monde pour que toute créature soit comblée de tes bénédictions, et que beaucoup se réjouissent de l'éclat de ta lumière. Ainsi, la foule innombrable des anges qui te servent jour et nuit se tiennent devant toi, et, contemplant la splendeur de ta face, n'interrompent jamais leur louange. Unis à leur hymne d'allégresse, avec la création tout entière qui t'acclame par nos voix, Dieu, nous te chantons (louons) :
Saint ! Saint ! Saint, le Seigneur,
Dieu de l'univers !
Le ciel et la terre
sont remplis de ta gloire.
Hosanna au plus haut des cieux.
Béni soit celui qui vient
au nom du Seigneur.
Hosanna au plus haut des cieux.
(Voir p. 221 pour la version latine.)

Prière eucharistique n° 4

Père très saint, nous proclamons que tu es grand et que tu as fait toutes choses avec sagesse et par amour : tu as créé l'homme à ton image et tu lui as confié l'univers, afin qu'en te servant, toi seul, son Créateur, il règne sur la création. Comme il avait perdu ton amitié par sa désobéissance, tu ne l'as pas abandonné au pouvoir de la mort. Dans ta miséricorde, tu es venu en aide à tous les hommes pour qu'ils te cherchent et puissent te trouver. Tu as multiplié les alliances avec eux, et tu les as formés, par les prophètes, dans l'espérance du salut. Tu as tellement aimé le monde, Père très saint, que tu nous as envoyé ton Fils unique, lorsque les temps furent accomplis, pour qu'il soit notre Sauveur. Dieu fait homme, conçu de l'Esprit Saint, né de la Vierge Marie, il a vécu notre condition humaine en toute chose, excepté le péché, annonçant aux pauvres la bonne nouvelle du salut ; aux captifs, la délivrance ; aux affligés, la joie. Pour accomplir le dessein de ton amour, il s'est livré lui-même à la mort, et, par sa résurrection, il a détruit la mort et renouvelé la vie. Afin que désormais notre vie ne soit plus à nous-mêmes, mais à lui qui est mort et ressuscité pour nous, il a envoyé d'auprès de toi, Père, comme premier don fait aux croyants, l'Esprit Saint qui continue son œuvre dans le monde et achève toute sanctification.

Que ce même Esprit Saint, nous t'en prions, Seigneur, sanctifie ces offrandes : qu'elles deviennent ainsi le corps ✙ et le sang de notre Seigneur Jésus, le Christ, dans la célébration de ce grand mystère, que lui-même nous a laissé en signe de l'Alliance éternelle.

Quand l'heure fut venue où tu allais le glorifier, Père très saint, comme il avait aimé les siens qui étaient dans

Prière eucharistique nº 4

le monde, il les aima jusqu'au bout : pendant le repas qu'il partageait avec eux, il prit le pain, dit la bénédiction, le rompit et le donna à ses disciples, en disant :
« Prenez, et mangez-en tous : ceci est mon corps livré pour vous. »
De même, il prit la coupe remplie de vin, il rendit grâce, et la donna à ses disciples, en disant : « Prenez, et **buvez-en tous**, car ceci est la coupe de mon sang, le sang de l'Alliance nouvelle et éternelle, qui sera versé pour vous et pour la multitude en rémission des péchés. Vous ferez cela en mémoire de moi. »

(1) Il est grand, le mystère de la foi :
— *Nous annonçons ta mort, Seigneur Jésus, nous proclamons ta résurrection, nous attendons ta venue dans la gloire.*

(2) Acclamons le mystère de la foi :
— *Quand nous mangeons ce pain et buvons à cette coupe, nous annonçons ta mort, Seigneur ressuscité, et nous attendons que tu viennes.*

(3) Qu'il soit loué, le mystère de la foi :
— *Sauveur du monde, sauve-nous ! Par ta croix et ta résurrection, tu nous as libérés.*
ou :
Proclamons le mystère de la foi :
— *Gloire à toi qui étais mort, gloire à toi qui es vivant, notre Sauveur et notre Dieu : viens, Seigneur Jésus !*
(Voir p. 224 pour la version latine.)

Voilà pourquoi, Seigneur, nous célébrons aujourd'hui le mémorial de notre rédemption : en rappelant la mort du Christ et sa descente au séjour des morts, en proclamant sa résurrection et son ascension à ta

Prière eucharistique nº 4

droite, en attendant sa venue dans la gloire, nous t'offrons son corps et son sang, le sacrifice qui est digne de toi et qui sauve le monde entier. Regarde, Seigneur, celui qui s'offre dans le sacrifice que toi-même as préparé pour ton Église, et, dans ta bonté, accorde à tous ceux qui vont partager ce pain et boire à cette coupe d'être rassemblés par l'Esprit Saint en un seul corps, pour qu'ils deviennent eux-mêmes dans le Christ une vivante offrande à la louange de ta gloire.

Et maintenant, Seigneur, rappelle-toi tous ceux pour qui nous offrons le sacrifice : en premier lieu, ton serviteur notre pape N., notre évêque N., et l'ensemble des évêques, les prêtres et les diacres, les fidèles qui présentent cette offrande, les membres de notre assemblée, le peuple entier qui t'appartient, et tous ceux qui te cherchent avec droiture.

Souviens-toi aussi de ceux qui sont morts dans la paix du Christ, et de tous les défunts dont toi seul connais la foi.

À nous qui sommes tes enfants, accorde, Père très bon, l'héritage de la vie éternelle auprès de la Vierge Marie, la bienheureuse Mère de Dieu, auprès de saint Joseph, son époux, des Apôtres et de tous les saints, dans ton Royaume. Nous pourrons alors, avec la création tout entière, enfin libérée de la corruption du péché et de la mort, te glorifier par le Christ, notre Seigneur, par qui tu donnes au monde toute grâce et tout bien.

Par lui, avec lui et en lui, à toi, Dieu le Père tout-puissant, dans l'unité du Saint-Esprit, tout honneur et toute gloire, pour les siècles des siècles.
— **Amen.**

Vient ensuite le rite de la communion, p. 239.

Prière eucharistique pour circonstances particulières nº 1

Vraiment, il est juste et bon de te rendre grâce, de chanter une hymne à ta louange et à ta gloire, Seigneur, Père d'infinie bonté. À la parole de ton Fils annonçant l'Évangile, tu as rassemblé ton Église de toute langue, peuple et nation, et tu ne cesses de la vivifier par la force de ton Esprit pour faire grandir jour après jour l'unité du genre humain.

En rendant visible l'Alliance de ton amour, elle ouvre à tous la bienheureuse espérance de ton royaume, et resplendit comme un signe de la fidélité que tu as promise à tous les âges dans le Christ Jésus, notre Seigneur.

C'est pourquoi, avec toutes les puissances des cieux, nous pouvons te bénir sur la terre et proclamer d'une seule voix avec toute l'Église :

Saint ! Saint ! Saint, le Seigneur,
Dieu de l'univers !
Le ciel et la terre sont
remplis de ta gloire.
Hosanna au plus haut des cieux.
Béni soit celui qui vient
au nom du Seigneur.
Hosanna au plus haut des cieux.
(Voir p. 221 pour la version latine.)

Vraiment, tu es saint et digne de louange, Dieu qui aimes tes enfants, toi qui es toujours avec eux sur les chemins de cette vie. Vraiment, ton Fils, Jésus, est béni, lui qui se tient au milieu de nous, quand son amour nous réunit ; comme autrefois pour ses disciples, il nous ouvre les Écritures et il rompt le pain.

C'est pourquoi, Père très aimant, nous t'en prions, envoie ton Esprit Saint afin qu'il sanctifie nos offrandes : que ce pain et ce vin deviennent pour nous le corps ✜ et le sang de notre Seigneur Jésus, le Christ.

Prière eucharistique pour circonstances particulières nº 1

La veille de sa passion, la nuit de la dernière Cène, il prit le pain, dit la bénédiction, le rompit et le donna à ses disciples, en disant : « **Prenez, et mangez-en tous** : ceci est mon corps livré pour vous. »

De même, après le repas, il prit la coupe, te rendit grâce, et la donna à ses disciples, en disant : « **Prenez, et buvez-en tous**, car ceci est la coupe de mon sang, Le sang de l'Alliance nouvelle et éternelle, qui sera versé pour vous et pour la multitude en rémission des péchés. Vous ferez cela, en mémoire de moi. »

(1) Il est grand, le mystère de la foi :
— *Nous annonçons ta mort,*
Seigneur Jésus,
nous proclamons ta résurrection,
nous attendons ta venue dans la gloire.
(2) Acclamons le mystère de la foi :
— *Quand nous mangeons ce pain et buvons à cette coupe,*
nous annonçons ta mort,
Seigneur ressuscité, et nous attendons que tu viennes.
(3) Qu'il soit loué, le mystère de la foi :
— *Sauveur du monde, sauve-nous !*
Par ta croix et ta résurrection,
tu nous as libérés.
ou :
Proclamons le mystère de la foi :
— *Gloire à toi qui étais mort,*
gloire à toi qui es vivant,
notre Sauveur et notre Dieu : viens,
Seigneur Jésus !
(Voir p. 224 pour la version latine.)

Voilà pourquoi, Père très saint, nous faisons mémoire de ton Fils, le Christ, notre Sauveur, que tu as conduit, par la passion et la mort sur la croix, à la gloire de la résurrection pour qu'il siège à ta droite ; nous annonçons, jusqu'à ce qu'il vienne, l'œuvre de ton amour, et nous t'offrons le pain de la vie et la coupe de bénédiction. Regarde

Prière eucharistique pour circonstances particulières nº 1

avec bonté l'offrande de ton Église qui te présente par nos mains ce qu'elle a reçu de toi : le sacrifice pascal du Christ. Que la force de ton Esprit d'amour fasse de nous, dès maintenant et pour l'éternité, les membres de ton Fils, nous qui communions à son corps et à son sang.

Renouvelle, Seigneur, par la lumière de l'Évangile, ton Église (qui est à N.). Resserre le lien de l'unité entre les fidèles et les pasteurs de ton peuple, en union avec notre pape N., notre évêque N., et l'ensemble des évêques, pour qu'au milieu d'un monde déchiré par les divisions, le peuple qui t'appartient brille comme un signe prophétique de concorde et d'unité.

Souviens-toi de nos frères et sœurs (N. et N.) qui se sont endormis dans la paix du Christ, et de tous les morts dont toi seul connais la foi : accueille-les dans la joie et la clarté de ton visage et donne-leur, par la résurrection, la plénitude de la vie.

Et lorsque prendra fin notre èlerinage sur la terre, reçois-nous dans la demeure où nous vivrons près de toi pour toujours.

Alors, avec la Vierge Marie, la bienheureuse Mère de Dieu, avec les Apôtres, les martyrs, (saint N. : *le saint du jour ou le saint patron*) et tous les saints, nous pourrons te louer et te magnifier, par ton Fils, Jésus, le Christ.

Par lui, avec lui et en lui, à toi, Dieu le Père tout-puissant, dans l'unité du Saint-Esprit, tout honneur et toute gloire, pour les siècles des siècles.
— **Amen.**

Vient ensuite le rite de la communion, page ci-contre.

RITE DE LA COMMUNION

Notre Père

(1) Comme nous l'avons appris du Sauveur, et selon son commandement, nous osons dire :
(2) Unis dans le même Esprit, nous pouvons dire avec confiance la prière que nous avons reçue du Sauveur :

> Notre Père qui es aux cieux, que ton nom soit sanctifié,
> que ton règne vienne, que ta volonté soit faite sur la terre comme au ciel.
> Donne-nous aujourd'hui notre pain de ce jour. Pardonne-nous nos offenses,
> comme nous pardonnons aussi à ceux qui nous ont offensés.
> Et ne nous laisse pas entrer en tentation, mais délivre-nous du Mal.

*(3) Præceptis salutaribus moniti, et divina institutione formati, audemus dicere :
Pater noster, qui es in cœlis : sanctificetur nomen tuum ; adveniat regnum tuum ;
fiat voluntas tua, sicut in cœlo, et in terra. Panem nostrum cotidianum da nobis
hodie ; et dimitte nobis debita nostra, sicut et nos dimittimus debitoribus nostris ;
et ne nos inducas in tentationem ; sed libera nos a malo.*

Délivre-nous de tout mal, Seigneur, et donne la paix à notre temps :
soutenus par ta miséricorde, nous serons libérés de tout péché, à l'abri
de toute épreuve, nous qui attendons que se réalise cette bienheureuse
espérance : l'avènement de Jésus Christ, notre Sauveur.
**— Car c'est à toi qu'appartiennent le règne,
la puissance et la gloire pour les siècles des siècles !**

Échange de la paix

Seigneur Jésus Christ, tu as dit à tes Apôtres : « Je vous laisse la paix, je vous donne ma paix » ; ne regarde pas nos péchés mais la foi de ton Église ; pour que ta volonté s'accomplisse, donne-lui toujours cette paix, et conduis-la vers l'unité parfaite, toi qui vis et règnes pour les siècles des siècles. —**Amen.**
Que la paix du Seigneur soit toujours avec vous. —***Et avec votre esprit.***
Dans la charité du Christ, donnez-vous la paix.

Fraction du pain

Que le corps et le sang de notre Seigneur Jésus Christ,
réunis dans cette coupe, nourrissent en nous la vie éternelle.

Agneau de Dieu

Agneau de Dieu, qui enlèves les péchés du monde, prends pitié de nous. (bis)
Agneau de Dieu, qui enlèves les péchés du monde, donne-nous la paix.

Agnus Dei, qui tollis peccata mundi, miserere nobis. (bis)
Agnus Dei, qui tollis peccata mundi, dona nobis pacem.

Communion

(1) Seigneur Jésus Christ, Fils du Dieu vivant, selon la volonté du Père et avec la puissance du Saint-Esprit, tu as donné, par ta mort, la vie au monde ; que ton corps et ton sang très saints me délivrent de mes péchés et de tout mal ; fais que je demeure fidèle à tes commandements et que jamais je ne sois séparé de toi.

(2) Seigneur Jésus Christ, que cette communion à ton corps et à ton sang n'entraîne pour moi ni jugement ni condamnation ; mais que, par ta bonté, elle soutienne mon esprit et mon corps et me donne la guérison.

Voici l'Agneau de Dieu, voici celui qui enlève les péchés du monde.
Heureux les invités au repas des noces de l'Agneau !
— **Seigneur, je ne suis pas digne de te recevoir ;
mais dis seulement une parole, et je serai guéri.**

Chant de communion *ou antienne de la communion.*

Prière après la communion *voir à la date du jour.*

RITE DE CONCLUSION
Le Seigneur soit avec vous.
— **Et avec votre esprit.**
Que Dieu tout-puissant vous bénisse, le Père, et le Fils, ✝ et le Saint-Esprit.
— **Amen.**

Puis le diacre, ou le prêtre lui-même, les mains jointes, tourné vers l'assemblée, dit :
(1) Allez, dans la paix du Christ.
(2) Allez porter l'Évangile du Seigneur.
(3) Allez en paix, glorifiez le Seigneur par votre vie.
(4) Allez en paix.
— **Nous rendons grâce à Dieu.**

Chants pour la célébration

Les chants en rouge sont consultables à la page indiquée. **Les chants en noir** sont référencés avec leur cote SECLI

	Ouverture	Renvoi	Communion / Action de grâce	Renvoi
3 sept.	Peuple de l'Alliance Célébrez la bonté du Seigneur En famille, en peuple, en Église	p. 243 EDIT15-84 A47-97	Mon Seigneur Jésus qui as dit Il n'est pas de plus grand amour Nous qui mangeons le pain	p. 248 p. 247 D215
10 sept.	Seigneur, rassemble-nous Peuple de frères, peuple du partage Hymne de la miséricorde	D87 T122 p. 244	Devenez ce que vous recevez Nous formons un même corps Tu entends mon cri	p. 249 D105 DEV327
17 sept.	Prenons la main que Dieu nous tend Dieu qui nous appelles à vivre T'approcher, Seigneur	p. 246 K158 GP22-68-6	Pain donné pour notre vie Espère en moi Tu fais ta demeure en nous	D19-75 p. 250 D56-49
24 sept.	Écoute la voix du Seigneur Vigne de Dieu Allez, vous aussi, à ma vigne	p. 247 D 364 AX59-35	Me voici, Seigneur Dieu est à l'œuvre en cet âge Vienne ton règne sur la terre	Z502 X99! EP50 p. 251

Suggestions pour septembre 2023 proposées par Thibault Van Den Driessche, avec ChantonsenÉglis

Peule de l'Alliance *(Ouverture)*
G244; T. : M. Scouarnec; M. : J. Akepsimas; ADF – Studio SM.

1. **Peuple de l'Alliance, ton Dieu te fait signe.** *(bis)*
   Marche à la suite de Jésus !
   Va crier son nom sur les chemins du monde,
   sur les chemins du monde.

2. **Peuple de l'Alliance, ton Dieu te réveille.** *(bis)*
   Passe la mer avec Jésus !
   Va creuser ta soif dans les déserts du monde,
   dans les déserts du monde.

3. **Peuple de l'Alliance, ton Dieu te pardonne.** *(bis)*
   Prends la lumière de Jésus !
   Va semer l'amour dans les hivers du monde,
   dans les hivers du monde.

4. **Peuple de l'Alliance, ton Dieu te libère.** *(bis)*
   Porte ta croix avec Jésus !
   Va planter la paix aux carrefours du monde,
   aux carrefours du monde.

CHANTS

Hymne de la miséricorde (Ouverture)

Chant-thème pour le Jubilé extraordinaire de la miséricorde; T. : E. Costa; M. : P. Inwood; 2015 Conseil pontifical pour la promotion de la nouvelle évangélisation.

② Rendons grâces au Fils, lumière des nations *in æternum misericordia eius.*
Il nous aima avec un cœur de chair *in æternum...*
Tout vient de lui, tout est à lui *in æternum...*
Ouvrons nos cœurs aux affamés et aux assoiffés *in æternum...*

③ Demandons les sept dons de l'Esprit *in æternum misericordia eius.*
Source de tous les biens, soulagement le plus doux *in æternum...*
Réconfortés par lui, offrons le réconfort *in æternum...*
En toute occasion l'amour espère et persévère *in æternum...*

④ Demandons la paix au Dieu de toute paix *in æternum misericordia eius.*
La terre attend l'Évangile du Royaume *in æternum...*
Joie et pardon dans le cœur des petits *in æternum...*
Seront nouveaux les cieux et la terre *in æternum...*

CHANTS

Prenons la main que Dieu nous tend (Ouverture/Envoi)
T42-2; T. : D. Rimaud/CNPL; M.; J. Akepsimas; SM.

1. Prenons la main que Dieu nous tend.
   Voici le temps, le temps où Dieu fait grâce à notre terre.
   Jésus est mort un jour du temps.
   Voici le temps, le temps de rendre grâce à notre Père.
   L'unique Esprit bénit ce temps.
   Prenons le temps, le temps de vivre en grâce avec nos frères.

2. Prenons la paix qui vient de Dieu.
   Voici le temps, le temps où Dieu fait grâce à notre terre.
   Jésus est mort pour notre vie.
   Voici le temps, le temps de rendre grâce à notre Père.
   Son règne est là : le feu a pris.
   Prenons le temps, le temps de vivre en grâce avec nos frères.

3. Prenons les mots que dit l'amour.
   Voici le temps, le temps où Dieu fait grâce à notre terre.
   Jésus est mort, le Livre est lu.
   Voici le temps, le temps de rendre grâce à notre Père.
   Un même Esprit nous parle au cœur.
   Prenons le temps, le temps de vivre en grâce avec nos frères.

Retrouvez d'autres chants sur www.chantonseneglise.fr

Écoute la voix du Seigneur (Ouverture)
X548; T. : D. Rimaud ; M. : J. Berthier ; Studio SM.

① Écoute la voix du Seigneur, prête l'oreille de ton cœur.
  Qui que tu sois ton Dieu t'appelle, qui que tu sois, il est ton Père.

Refrain : **Toi qui aimes la vie, ô toi qui veux le bonheur,
  réponds en fidèle ouvrier, de sa très douce volonté.
  réponds en fidèle ouvrier, de l'Évangile et de sa paix.**

② Écoute la voix du Seigneur, prête l'oreille de ton cœur.
  Tu entendras que Dieu fait grâce, tu entendras l'esprit d'audace.

③ Écoute la voix du Seigneur, prête l'oreille de ton cœur.
  Tu entendras crier les pauvres, tu entendras gémir ce monde.

LA LITURGIE - LES CHANTS

Il n'est pas de plus grand amour (Action de grâce)
M. : J. Berthier (Bénissez le Seigneur) ; Les Presses de Taizé.

R. Il n'est pas de plus grand amour que de donner sa vie pour ceux qu'on aime.

CHANTS

Mon Seigneur Jésus qui as dit (Action de grâce)
T. : C. de Foucauld ; M. : M. Wackenheim ; ADF-Musique.

Retrouvez d'autres chants sur www.chantonseneglise.fr

Devenez ce que vous recevez (Communion)
D68-39; T. : J.-L. Fradon; M. : B. Ben; L'Emmanuel.

Refrain: **Devenez ce que vous recevez, devenez le corps du Christ.
Devenez ce que vous recevez, vous êtes le corps du Christ.**

1. Baptisés en un seul Esprit,
   nous ne formons tous qu'un seul corps ;
   abreuvés de l'unique Esprit,
   nous n'avons qu'un seul Dieu et Père.

2. Rassasiés par le pain de vie,
   nous n'avons qu'un cœur et qu'une âme ;
   fortifiés par l'amour du Christ,
   nous pouvons aimer comme il aime.

3. Purifiés par le sang du Christ
   et réconciliés avec Dieu,
   sanctifiés par la vie du Christ,
   nous goûtons la joie du Royaume.

4. Rassemblés à la même table,
   nous formons un peuple nouveau :
   bienheureux sont les invités
   au festin des noces éternelles.

5. Appelés par Dieu notre Père
   à devenir saints comme lui,
   nous avons revêtu le Christ,
   nous portons la robe nuptiale.

6. Envoyés par l'Esprit de Dieu
   et comblés de dons spirituels,
   nous marchons dans l'amour du Christ,
   annonçant la Bonne Nouvelle.

7. Rendons gloire à Dieu notre Père
   par Jésus son Fils bien-aimé,
   dans l'Esprit, notre communion
   qui fait toutes choses nouvelles.

LA LITURGIE - LES CHANTS

CHANTS

Espère en moi (Action de grâce)
T. et M. : Chants de l'Emmanuel (B. Carraud) ; Éd. de l'Emmanuel.

1. Vers toi j'é-lè-ve les yeux, Sei-gneur, j'ai be-soin de toi, vois, mon âme est tout a-gi-tée... qui donc pour-ra me sau-ver ?

Es-père en moi et prends cou-ra-ge !
Je suis ton Dieu, ton Cré-a-teur,
je t'ai for-mé à mon i-ma-ge
et je dé-si-re ton bon-heur.

② Seigneur, je suis un pécheur indigne de ton amour.
La ténèbre a empli mon cœur, le mal règne en moi toujours.
Toi, mon enfant, tu te condamnes, mais je suis plus grand que ton cœur.
Moi je te fais miséricorde, je suis ton Dieu, ton seul Sauveur.

③ Errant parmi les pécheurs, perdu loin de toi, Seigneur,
je t'appelle et je crie vers toi. Écoute et entends ma voix.
Je suis venu non pour les justes, mais pour sauver tous les pécheurs.
Je te retire des ténèbres, je suis ton Dieu, ton Rédempteur.

Vienne ton règne sur la terre *(Action de grâce)*
DEV349 ; R. Lebel ; Studio SM.

Refrain : **Vienne ton règne, Dieu, notre Père !**
Vienne ton règne, sur notre terre !
Vienne ton règne, au cœur de nos frères !

① Pour que soient consolés
ceux qui ont perdu tout espoir
et que soient éclairés
ceux qui marchent dans le noir.

② Pour que soient accueillis
ceux qui n'ont plus rien à donner
et que soient affranchis
ceux qu'on garde prisonniers.

③ Pour que soient revêtus
ceux qui tremblent sur les trottoirs
et que soient défendus
ceux qui n'ont pas de pouvoir.

④ Pour que soient rassemblés
ceux qui se réclament de toi
et que soient oubliées
tant de luttes pour la foi.

CHANTS POUR L'ORDINAIRE

MESSE DU PARTAGE

Préparation pénitentielle
A23-08 ; T. et M. : P. et É. Daniel ; Bayard Liturgie.

Soliste
De ton peu-ple ras-sem-blé par ta pa-ro-le, Sei-

Assemblée (et chorale) — *Soliste*
gneur, prends pi-tié. Sei-gneur, prends pi-tié. De ton peu-ple sanc-ti-fié par ton Es-prit, ô Christ, prends pi-

Assemblée (et chorale) — *Soliste*
tié. Ô Christ, prends pi-tié. De ton peu-ple ra-che-té par ton

Assemblée (et chorale)
sang, Sei-gneur, prends pi-tié. Sei-gneur, prends pi-tié.

Gloire à Dieu

A23-09; T. : AELF; M. : P. et É. Daniel; Bayard Liturgie.

CHANTS

Saint, le Seigneur

AL173 ; T. : AELF ; M. : P. et É. Daniel ; Fleurus.

Saint ! Saint ! Saint, le Sei - gneur, Dieu de l'u - ni - vers !
Le ciel et la ter - re sont rem - plis de ta gloi - re. Ho - san - na au plus haut des cieux.
Bé - ni soit ce - lui qui vient au nom du Sei - gneur.

Agneau de Dieu

AL23-12 ; T. : AELF ; M. : P. et É. Daniel ; Bayard liturgie.

Comme un choral
Assemblée et chorale

A - gneau de Dieu, qui en - lè - ves les pé - chés du mon - de, prends pi - tié de nous. don - ne - nous la paix.

LES RENDEZ-VOUS DE SEPTEMBRE 2023

SOMMAIRE

Les anges dans les Écritures
Jacques Nieuviarts
p. 258

Les seconds rôles dans la Bible
Anne Lécu
p. 260

Trésors de la liturgie
Emmanuelle Billoteau
p. 263

Le synode vu de l'étranger *p. 266*
Espaces liturgiques *p. 268*
Témoignage de lecteur *p. 270*
Question du mois *p. 272*
Pèlerinage *p. 273*

Église du monde *p. 274*
Reportage *p. 276*
Messes TV radio *p. 281*
Culture *p. 282*
Agenda *p. 285*

ÉDITORIAL

Portrait chinois

Voici venu le temps de la reprise. Pour qu'elle ne soit pas tout de suite synonyme de contrainte ni de stress… nous vous proposons de jouer au « portrait chinois ».
Si la rentrée était une couleur ? Ce serait le blanc, comme la couleur de Dieu. La lecture attentive de la Bible par le père Jacques Nieuviarts nous montre que la couleur du vêtement blanc est celle qui évoque le mieux la présence rayonnante de Dieu.
Si la rentrée était une prière ? Ce serait la plus pauvre d'entre toutes. Celle que sœur Anne Lécu nous aide à approfondir dans la bouche de l'autre larron, le cri d'un cœur dur, au fond de la nuit.
Si la rentrée avait un prénom ? Ils seraient un millier ! Comme les prénoms qui habitent la prière de Denise, cette attachante Lyonnaise rencontrée en pèlerinage en Terre sainte. Une notion ? Ce serait celle du « sacrifice ». Absolument ! Le sacrifice comme une offrande, tel que sœur Emmanuelle Billoteau nous le dévoile. Un objet ? Ce serait le tabernacle dans sa longue transformation à travers les siècles… Des amis ? Vous, bien sûr, chers lecteurs, qui nous renouvelez fidèlement votre confiance. ■

Karem Bustica
Rédactrice en chef de Prions en Église

« Si la rentrée était une prière ? Ce serait la plus pauvre d'entre toutes, celle de l'autre larron, le cri d'un cœur dur, au fond de la nuit. »

LES ANGES DANS LES ÉCRITURES

Jacques Nieuviarts, prêtre assomptionniste

Tout de blanc vêtus

Plus les évangiles approchent du récit de la Résurrection, plus les êtres célestes sont présents. Ils portent les vêtements de la couleur divine.

La présence des anges est surabondante à la fin des évangiles, dans les récits de la Résurrection. Combien sont-ils ? Matthieu, selon son habitude, parle de « l'ange du Seigneur », qui avait « l'aspect de l'éclair » (Mt 28, 2-3), tandis que Jean mentionne « deux anges » (Jn 20, 12). Un peu plus étonnant, Luc évoque « deux hommes » (Lc 24, 4) et Marc, « un jeune homme vêtu de blanc » (Mc 16, 5). Dans les Actes des Apôtres, le second livre de Luc, qui forme un diptyque avec son évangile, ce sont « deux hommes en vêtements blancs » (Ac 1, 10) qui expliquent aux Apôtres le sens de l'ascension de leur Maître. Cette diversité est intéressante. Elle nous empêche de nous enfermer dans des schémas trop rigides et nous confirme que le langage biblique cherche toujours les représentations les plus adéquates pour dire l'indicible :

l'intervention de Dieu au cœur de l'histoire des hommes. Que disent, en effet, l'ange du Seigneur ou l'homme vêtu de blanc, ou les deux anges ? Une nouvelle au sens radical : de l'inouï pour l'homme. Qui donc pourrait seulement imaginer que le tombeau vide signifie infiniment plus que l'absence d'un cadavre, à savoir le signe de la résurrection de Jésus qui, désormais, va mettre en marche les disciples jusqu'au bout de l'Empire ? Les Actes des Apôtres le montreront. Et les anges seront encore présents auprès de la communauté naissante aux débuts de l'Église (cf. Ac 8, 26).

Le « jeune homme vêtu de blanc » est revêtu de l'éclat de Dieu, et les femmes le rencontrent à la prime aube. La Résurrection saisit les disciples – et nous saisit – au petit matin, au temps de l'inattendu total. Dieu précède la vieillesse du temps et de nos propres projets. Il les saisit de sa vie et les transforme. Le vêtement blanc n'est-il pas la couleur qui évoque le mieux la présence rayonnante de Dieu ? C'est bien ce que disent les évangélistes, faute d'autres mots, lors de la Transfiguration – et dans chacun des récits de la Résurrection : « Ses vêtements devinrent resplendissants, d'une blancheur telle que personne sur terre ne peut obtenir une blancheur pareille » (Mc 9, 3) ; « Il fut transfiguré devant eux ; son visage devint brillant comme le soleil, et ses vêtements, blancs comme la lumière » (Mt 17, 2). Ainsi les « anges » que nous rencontrons portent-ils toujours, d'une façon ou d'une autre, la couleur de Dieu. ■

> *Le vêtement blanc n'est-il pas la couleur qui évoque le mieux la présence rayonnante de Dieu ?*

LES SECONDS RÔLES DANS LA BIBLE

Anne Lécu, dominicaine

L'autre larron

Le mauvais larron, c'est celui qui est perdu, qui refuse le salut. Pourtant, son propos n'est-il que moquerie et méchanceté ? N'y aurait-il pas comme une petite voix, si ténue soit-elle, qui nous appelle à nous associer à lui ?

La grande ténèbre qui survient à la sixième heure du Vendredi saint enveloppe les trois longues heures de l'agonie du Fils, où l'on n'entend plus rien, sinon la mort qui vient.

Elle enveloppe les larrons, celui de droite et celui de gauche, celui qui se moque et celui qui supplie, celui à qui la Tradition a donné un prénom, Dismas, et l'autre, figure du refus. C'est sur ce dernier que je voudrais m'attarder. Lui, c'est le méchant, celui que l'on espère ne jamais être, celui qui est perdu. Celui qui n'a pas de nom. L'histoire lui a donné de multiples visages, et nous pourrions volontiers l'habiller des traits d'un terroriste ou d'un tueur en série. Avec toujours cette énigme lancinante : pourquoi Dieu a-t-il créé des êtres qui ont semé le malheur sur leur route de façon répétée, délibérée ? Que s'est-il passé dans leur cœur, dans leur tête ? Énigme définitivement sans réponse. Ou plutôt, énigme dont la seule réponse est dans l'attitude de Jésus, qui jusque dans la mort ouvre un avenir au voisin de croix, qui l'accepte.

Mais qui écoute attentivement l'autre larron – le mauvais, qui se moque – peut pourtant entendre comme une petite voix qui n'est pas que moquerie : « Sauve-toi toi-même, et nous aussi ! » Ce « nous » du « nous aussi » ouvre une microbrèche, un coin dans la masse de marbre de son cœur, et peut-être ce coin sauve-t-il tout. Alors la nuit de Dieu, autre nom de sa présence, s'engouffre dans cette brèche, l'élargit suffisamment avec soin et dispose ce larron, celui que l'on ne veut pas être, à s'écarter ...

© Gaëtan Évrard

Première Alliance

« Depuis les entrailles du poisson, il pria le Seigneur son Dieu […] : "Dans ma détresse, je crie vers le Seigneur, et lui me répond ; du ventre des enfers j'appelle : tu écoutes ma voix." »

Jonas 2, 2-3

LES SECONDS RÔLES DANS LA BIBLE

… d'un cheveu du ressentiment qui l'anime pour entendre, un peu, dans ce « nous », le silence douloureux et torturé de ses voisins de croix, ses ultimes compagnons.

À cette même heure, nous dit un autre évangile, celui de Jean, Jésus « remit l'Esprit » (Jn 19, 30). Il nous le donne en cette heure noire, comme don ultime, signe de la vie qui continue, on ne sait pas comment, cette vie qui passe au-delà de la mort, comme par-dessous, pour nous rejoindre. La résurrection trouve là son levier. Et le signe qu'elle est à l'œuvre comme apocalypse, révélation de la puissance de vie de Dieu, c'est peut-être cet ultime sursaut du mauvais larron, qui donne à croire qu'au fond de nos cœurs durs, si durs soient-ils, se tient quelque chose de plus profond que le refus, la possibilité de penser à autrui, malgré tout. « Pas sans toi », nous dit Jésus dans son offrande. « Pas sans eux », dit-il à son Père dans sa prière. « Pas sans nous », semble dire le larron au cœur dur. Voilà notre prière la plus pauvre au grand jour : « Pas sans nous, pas sans tous. » ■

Nouvelle Alliance

« *L'un des malfaiteurs suspendus en croix l'injuriait :
"N'es-tu pas le Christ ? Sauve-toi toi-même, et nous aussi !"* »

Luc 23, 39

TRÉSORS DE LA LITURGIE

Emmanuelle Billoteau, ermite

Liturgie et sacrifice

**Le terme de sacrifice a mauvaise presse chez nos contemporains.
Il évoque une réalité d'un autre âge, associée à un certain masochisme
chez ses tenants, ou à une spiritualité volontariste et archaïque.
Mais qu'en est-il vraiment ? Comment le comprendre ?
Et qu'en faire dans nos vies ?**

Le livre du Siracide, appelé également l'Ecclésiastique ou encore Ben Sira le Sage, peut, dans un premier temps, nous aider à donner à la notion de sacrifice un contour pertinent pour notre quotidien. L'auteur de ce texte, écrit vers 180 av. J.-C., connaît les textes de l'Ancien Testament traitant des sacrifices en Israël (le Lévitique, par exemple), ainsi que les critiques prophétiques ou psalmiques sur ce type de ritualité et sur ses déviances (Ps 50 ; Am 5 ; Os 6 ; Jr 7…). Ben Sira va donc insister sur le lien entre les sacrifices cultuels et l'observance de la Torah, entre le culte et la façon de vivre. « Offrir en sacrifice un bien mal acquis, c'est se moquer ; les dons des gens sans loi ne sont pas agréés », écrit-il (Si 34, 21-22). Plus positivement, il exprime ce que peut être…

TRÉSORS DE LA LITURGIE

... le sacrifice spirituel dont parlera, entre autres, saint Paul. Reprenant les divers sacrifices qui ponctuent le culte d'Israël à titre individuel ou collectif, dans une démarche régulière ou plus spontanée, Ben Sira écrit : « C'est présenter de multiples offrandes que d'observer la Loi ; c'est offrir un sacrifice de paix que s'attacher aux commandements. C'est apporter une offrande de fleur de farine que se montrer reconnaissant ; c'est présenter un sacrifice de louange que faire l'aumône. On obtient la bienveillance du Seigneur en se détournant du mal ; on offre un sacrifice d'expiation en se détournant de l'injustice » (Si 35, 1-5). Sacrifices de paix, de louange, d'expiation ou offrande de fleur de farine visant tous, rappelons-le, à établir ou rétablir la relation avec le Seigneur. À travers l'offrande s'exprime une volonté de s'offrir à Dieu et de l'honorer, ce qui suppose d'ôter les obstacles qui s'amoncellent entre nous et lui. Le propos du Siracide peut donc nous permettre d'intégrer cette notion de sacrifice dans nos existences personnelles et collectives, car elle a également une portée politique. Voilà qui casse les préjugés faisant du « sacrifice » une démarche intimiste fondée sur la culpabilité ou une démarche rituelle centrée sur soi et menacée par la routine.

Dans la célébration de la messe, nous trouvons le terme de sacrifice en lien avec le Christ et la communauté. Il évoque le don libre que Jésus a fait de sa vie : il est question du Fils qui « s'est offert en sacrifice pour nous réconcilier » avec Dieu (Prière eucharistique [PE] n° 3). Ce qui s'exprime également en termes d'oblation et d'offrande : « Il s'est livré lui-même à la mort, et, par sa résurrection, il a détruit la mort et renouvelé la vie » (PE n° 4). Dans ce don du Christ, nous reconnaissons à la fois la dimension de purification à l'œuvre dans le sacrifice d'expiation et celle de communion inhérente au sacrifice dit de « communion » dans l'Ancien Testament. Nous pouvons ainsi envisager l'eucharistie comme le mémorial de l'unique sacrifice du Christ.

Rétablis dans l'amitié de Dieu, nous le recevons sous les espèces du pain et du vin, ces dons que nous avons offerts en les prélevant sur les richesses que Dieu nous octroie dans la Création. Dans la liturgie eucharistique (préparation des dons, puis prière sur les offrandes), notre démarche d'offrande est qualifiée de sacrifice : « Le cœur humble et contrit, nous te supplions, Seigneur, accueille-nous : que notre sacrifice, en ce jour, trouve grâce devant toi. […] Priez, frères et sœurs, que mon sacrifice, qui est aussi le vôtre, soit agréable à Dieu le Père tout-puissant », dit le célébrant. À quoi l'assemblée répond : « Que le Seigneur reçoive de vos mains ce sacrifice à la louange et à la gloire de son nom. »

Autrement dit, que le sacrement de l'eucharistie nous apprend à nous dé-saisir de notre vie pour la consacrer à Dieu. Mais ce don global est appelé à s'incarner au jour le jour à la manière dont en parlent le Siracide ou les prophètes. Et cela, avec le discernement que donne une authentique humilité. ∎

> *À travers l'offrande s'exprime une volonté de s'offrir à Dieu et de l'honorer, ce qui suppose d'ôter les obstacles entre nous et lui.*

LE SYNODE VU DE L'ÉTRANGER

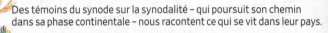

Des témoins du synode sur la synodalité – qui poursuit son chemin dans sa phase continentale – nous racontent ce qui se vit dans leur pays.

Aux États-Unis, un synode fragile

Chi Ai Nguyen est prêtre assomptionniste. Il vit à Worcester, aux États-Unis, où il enseigne la théologie à Assumption University. Pour lui, le synode révèle beaucoup de tensions.

WORCESTER, ÉTATS-UNIS « La synthèse des consultations a mis en lumière bien des points négatifs, tels que le manque de dialogue entre l'Église et la société, le manque d'hospitalité dans les paroisses ainsi que la mauvaise qualité des homélies. La Conférence des évêques des États-Unis a reçu 22 000 rapports avec une estimation de 700 000 participants, soit à peine 1 % des catholiques ! Ceux-ci ont surtout partagé leurs blessures, causées par la crise des abus sexuels, la polarisation politique conservatrice qui se glisse dans les homélies et le traitement des personnes marginalisées, telles que les migrants, les divorcés remariés et les membres des communautés LGBTQIA+ *[N.D.L.R. : lesbiennes,* gays, bisexuels, trans, queers, intersexes, asexuels]. Certaines femmes se sentent également marginalisées par l'Église et souhaitent exercer un leadership reconnu grâce à la prédication et à l'accession à l'ordination diaconale et presbytérale. Pour elles, l'ordination des femmes n'a pas pour but de combler le manque de prêtres, mais plutôt de répondre à une question de justice. Quant aux jeunes, ils désirent que l'Église aborde davantage des sujets de société, tels que la justice sociale et raciale, ainsi que le changement climatique. Ils souhaitent une Église plus ouverte et accueillante, attentive à leur désir d'appartenir à une tradition, dont la messe en latin est l'emblème. Ils se considèrent non pas comme l'avenir de l'Église, mais plutôt comme son présent. Force est de constater que le peu d'implication des catholiques pour ce synode manifeste un certain scepticisme quant à la pertinence d'un processus de synodalité. Toutefois, ceux qui ont joué le jeu entretiennent une certaine espérance. Ils souhaitent que l'Église soit capable de s'engager dans une écoute attentive et un dialogue fraternel, présentant fidèlement l'enseignement de Jésus sans chercher à condamner ou exclure. Malgré ces signaux faibles de confiance pour avancer dans la voie initiée par le pape, il faut bien reconnaître que des tensions fortes demeurent dans la communauté catholique qui est ici très divisée, avec une montée en puissance des conservateurs ouvertement hostiles au pape François. Ce climat de méfiance contre Rome fragilise les ambitions du synode. » ■

Propos recueillis par
Sébastien Antoni

ESPACES LITURGIQUES

Vencelas Deblock, prêtre du diocèse de Cambrai, historien de l'art

Le tabernacle, signe de la présence réelle

Si les hosties consacrées sont aujourd'hui conservées dans le tabernacle, les contenants des saintes espèces ont varié à travers les siècles.

Dans la pénombre des églises, une lampe rouge brille. Elle désigne la présence du Christ dans les hosties consacrées, conservées dans le tabernacle. Signifiant « tente », celui-ci renvoie à la « tente de la Rencontre » du livre de l'Exode (Ex 33, 7), présence du Seigneur au milieu de son peuple nomade.

Dès les premiers siècles, alors que les communautés se réunissent encore dans des maisons, de nombreux usages expriment le souci de conserver dignement les saintes espèces. Cette pratique correspond au désir de pouvoir communier hors de l'eucharistie, notamment pour les personnes malades et mourantes.

Dans les premières basiliques, au IVe siècle, des objets précieux et des lieux sont dédiés à cet usage. Les colombes eucharistiques, contenant les saintes espèces, apparaissent. Ces dispositifs sont placés dans des espaces réservés, souvent hors des églises. Au Moyen Âge, la conservation des espèces dans l'église se généralise. Deux emplacements dominent alors : soit en position centrale, en suspension au-dessus de l'autel, soit dans un des murs du chœur. Alors que la liturgie eucharistique demeure cachée aux yeux des fidèles, le besoin de voir entraîne une évolution vers des systèmes plus centraux et plus riches. L'adoration eucharistique prend son essor. On voit ainsi apparaître les tours eucharistiques, hauts monuments richement ornés, destinées à préserver et à exposer le Saint Sacrement.

Tabernacle de la cathédrale Notre-Dame de Créteil (94).

Au XVIe siècle, la contestation par les courants réformés de la présence réelle permanente du Seigneur conduit l'Église catholique à placer les tabernacles sur l'autel majeur. Les dispositifs suspendus, jugés indignes, disparaissent au profit de riches installations insérées dans des retables monumentaux. Ce schéma perdure jusqu'au XXe siècle. Le concile Vatican II, soucieux de remettre en valeur la table d'autel, appelle alors à la distinguer du tabernacle. Selon l'histoire du lieu, celui-ci demeure en position centrale ou est déplacé dans un espace mieux adapté au recueillement.

Au cœur des églises, le tabernacle demeure le signe du Christ qui nous invite à nous reposer en sa présence, et nous envoie porter sa vie aux plus souffrants de l'Église. ∎

TÉMOIGNAGE DE LECTEUR

Propos recueillis par **Frédéric Pascal**, journaliste

Les prénoms de ma prière

Denise Chabannet, 70 ans, est une femme de relations. Pour la Lyonnaise, professeur de mathématiques à la retraite, la prière s'incarne par des prénoms.

« Roselyne, Emmanuelle, Karem… J'appelle les auteurs de *Prions en Église* par leur prénom. Ils ne me connaissent pas, mais moi je les connais – cela fait si longtemps que je suis abonnée. C'est un peu difficile à définir, ce lien qui me raccroche à eux. Ils sont, pour moi, un peu comme ma famille. À travers la revue, ils sont présents dans ma vie au quotidien. Dès les premières heures du jour, ils sont mes compagnons. Je suis une lève-tôt; vers 5 ou 6 heures du matin, je médite l'évangile du jour. Je prends le temps de revenir sur certains mots, d'aller revoir le texte de la veille, de lire les commentaires… Alors, Roselyne, Emmanuelle et les autres m'ouvrent à la parole de Dieu. C'est un vrai compagnonnage.

Ce compagnonnage s'est prolongé dans ma fratrie, avec ma sœur, Aline, décédée en 2019. Je lui donnais mon *Prions en Église* – elle n'avait pas voulu que je l'abonne,

alors je le lui déposais à la fin du mois. Lorsqu'elle est morte, j'ai retrouvé deux cahiers avec plein de références et de notes qu'elle trouvait dans *Prions en Église*. Ça l'a aidée à vivre avec la maladie psychiatrique, lors des treize dernières années de sa vie.

Cet esprit de communion s'est encore étendu, autrement. J'ai vécu un pèlerinage sur les pas de Jésus, en avril 2023, avec *Prions en Église*. Bien sûr, les lieux sont très porteurs en Terre sainte – désormais, quand je lis l'Évangile, je peux imaginer Jésus marcher ici, ou là. Mais il y a plus que cela : avec les autres pèlerins, nous avons formé une "mini-Église". Le père Venceslas, qui accompagnait notre groupe, a réussi à nous souder. De retour, ma prière est plus concrète, plus incarnée : ce sont ces paysages que Jésus a connus bien sûr, mais ce sont surtout les personnes que j'ai rencontrées. Tant de prénoms à ajouter à ma prière… » ■

QUESTION DU MOIS

D'où vient la fête de la Nativité de la Vierge Marie?

Parmi les solennités, fêtes et mémoires honorant Marie (une quinzaine environ), la fête de la Nativité de la Vierge Marie n'est pas la mieux connue. Elle figure cependant à notre calendrier liturgique. Cette fête a pour origine une église construite à Jérusalem au début du Ve siècle, endroit où la tradition a situé la maison d'Anne et Joachim, parents de Marie. Or la dédicace de cette église a eu lieu un 8 septembre, et Rome a conservé cette date en intégrant la fête à son calendrier (pape Serge 1er, 687-701) en même temps que les solennités de l'Annonciation et de l'Assomption. Cette date s'harmonise bien avec d'autres éléments : Marie est la cousine d'Élisabeth habitant en Judée, indice de la proximité de Jérusalem; et c'est en fonction de ce 8 septembre que l'Église fixa un peu plus tard (VIIIe-IXe siècles) la solennité de l'Immaculée Conception de Marie au 8 décembre (dogme promulgué en 1854 par Pie IX), soit neuf mois avant le 8 septembre. Enfin, le Missel résume tout le sens de cette fête : « La naissance de Marie, comblée de grâce, appelée à devenir la Mère du Sauveur, est une annonce de la Nativité de Jésus, prélude de la Bonne Nouvelle. Cette naissance a fait "lever sur le monde l'espérance et l'aurore du salut". C'est pourquoi l'Église nous invite à la célébrer dans la joie. » ■

Michèle Clavier,
théologienne

PÈLERINAGE

PÈLERINAGE NOËL EN TERRE SAINTE
Au cœur de la foi

Découvrir la Terre sainte est toujours une invitation à approfondir le mystère du Christ et à entrer dans le filon inépuisable des Écritures saintes. C'est aussi se laisser confronter aux réalités complexes d'Israël aujourd'hui en découvrant ses multiples composantes. Mettre nos pas sur les pas de nos ancêtres dans la foi ne peut nous laisser indifférents. Ce pèlerinage nous convoque pleinement et nous ne pourrons plus entendre la parole de Dieu de la même manière à notre retour. Animés d'une saine bienveillance envers les peuples qui y vivent, nous pourrons enrichir durablement notre foi et notre regard sur ces lieux fondateurs de notre espérance. ■

Joseph de Almeida Monteiro, *religieux dominicain*

PRATIQUE Du 19 au 26 décembre 2023. Une sélection *"Prions en Église"* et *"Le Pèlerin"* organisée par Routes Bibliques. Infos et inscriptions : 01 45 49 07 77 ou accueil@routesbibliques.fr

ÉGLISE DU MONDE

Amaëlle Doisy et Léo Begin, volontaires avec la DCC, coordinateurs de projet au Tchad

Le volontariat et la vie spirituelle

« Partir si loin, au Tchad, aiderait-il à nourrir sa foi ? C'est contre-intuitif, mais nous en faisons l'expérience chaque jour. Le rythme de vie de notre volontariat est très différent de celui que nous connaissons d'habitude. Chaque semaine, nous avons le temps de nous poser et de prier. Ces temps spirituels sont préparés à tour de rôle. Ils nous permettent d'admirer la Création depuis notre coin de brousse ou de relire et donner du sens à ce que nous vivons. Dans notre mission, nous avons souhaité répondre à un appel : nous laisser porter. Un acte de foi et de confiance qu'il faut tenir dans la durée ! Confiance en la DCC, en notre partenaire, en Dieu. Nous avons choisi de nous mettre au service et cela nous bouscule. C'est pourquoi nous avons un grand besoin de relecture. C'est aussi une manière d'explorer notre foi. Partir avec la DCC, service d'Église, nous donne vraiment l'occasion d'avoir un lien privilégié avec Dieu. Et puis la question religieuse est abordée ici beaucoup plus librement qu'en France. Quand nous sommes amenés à nous prononcer sur notre propre foi, cela nous aide à la définir, et tous ces moments sont précieux. » ■

EN PARTENARIAT AVEC LA DÉLÉGATION CATHOLIQUE POUR LA COOPÉRATION. HTTP://LADCC.ORG

Activités au centre éducatif de Bayaka à Laï (Tchad), où Amaëlle et Léo sont volontaires. Lecture, confiture, couture et baptême !

REPORTAGE

Anne-Quitterie Jozeau, journaliste

Les liens fidèles des « Captifs »

Le pape François nous invite à prier, ce mois-ci, pour les personnes marginalisées exclues de la société. Un public auquel se consacre l'association Aux captifs, la libération. Rencontre avec Amélie, la responsable d'une antenne à Paris.

« Porter l'Évangile dans la rue », tel est le leitmotiv d'Amélie, jeune femme de 26 ans, qui travaille à l'association Aux captifs, la libération depuis quatre ans. Elle y est éducatrice spécialisée. Chaque jour, Amélie effectue, entre autres, des « tournées-rue » *[NDLR : maraudes]* dans le XXe arrondissement de Paris. Et deux fois par semaine, elle ouvre une permanence d'accueil, rattachée à une église du quartier de Charonne. Nous l'avons rencontrée là.

L'association Aux captifs, la libération, née en 1981, est fondée par le père Patrick Giros. Ce prêtre du diocèse de Paris a eu l'intuition que les personnes de la rue vivaient un désert spirituel. Soutenu par le père Jean-Marc Lustiger qui est alors son curé, Patrick Giros commence ses « tournées-rue », en arrivant les mains nues, afin de s'offrir soi-même aux personnes qu'il rencontre. Il veut apporter « aux captifs la libération » (cf. Lc 4, 18). Ce verset biblique devient dès lors le nom de l'association.

Quarante ans après, Amélie et son équipe effectuent toujours les maraudes, « notre mission première ». Et deux fois par semaine, pendant trois heures, une permanence d'accueil est proposée aux personnes de la rue au foyer Marie-de-Miribel, sous l'église Saint-Cyrille-et-Saint-Méthode à Paris (XXᵉ). Cette grande salle aux murs blancs, où sont installés des tables, un baby-foot, un coin bibliothèque et une table de ping-pong, porte le nom de Marie de Miribel, ayant œuvré pour la justice sociale du quartier de Charonne. Une coïncidence qui en dit long, vu le sourire énigmatique d'Amélie.

Accueil de jour

© MarineClerc/ACLL

Chaque lundi et jeudi, une vingtaine de personnes de la rue ou bien en situation précaire passent prendre un café, discuter, jouer aux cartes, dessiner, etc. C'est le cas d'Isham, Ali, Abdoul, Pierrette… « C'est un endroit de décompression, où je peux me reposer », explique Isham, 40 ans, avant d'ajouter tout de go : « Les "Captifs" sont ma seconde famille. » À l'abri de la rue, l'association veut leur montrer qu'au foyer Marie-de-Miribel, ils peuvent …

REPORTAGE

… « se ressourcer et se sentir aimés », affirme Amélie. Pierrette elle, a un logement, mais se rend depuis fin novembre au foyer pour la « bonne ambiance » qui y règne.

Si Amélie a choisi de travailler pour l'association, ce n'est pas par hasard. Auparavant engagée pour Hiver solidaire, la jeune convertie a décidé de rejoindre une association pour créer des liens fidèles avec ceux qu'elle rencontre dans la rue et à la permanence. « Je le fais vraiment pour la gloire et le salut du monde : c'est ma maxime », déclare-t-elle avec aplomb. Sa mission semble porter sa foi. À ses homologues, la jeune Franco-Marocaine veut affirmer mordicus que « ce sont eux, les enfants de Dieu dont on parle dans l'Évangile. Je veux leur rappeler qu'ils le sont ».

À ceux qui sont admiratifs de son travail et qui la flattent, elle répond simplement : « Chacun a des mains pour serrer d'autres mains, une bouche pour parler avec d'autres. C'est donné à tout le monde de donner. » ■

La « prière-rue »

Avec les « tournées-rue » et la permanence d'accueil, la « prière-rue », organisée une fois par mois dans chaque antenne, est le troisième pilier de l'association. C'est une soirée de prière suivie d'un repas convivial pour ceux qui souhaitent y participer. Sont présents aussi bien des personnes de la rue que des paroissiens, et quelques-uns des 80 salariés et 300 bénévoles de l'association.

NOUVEAU

L'ÉPHÉMÉRIDE 2024 *PRIONS EN ÉGLISE* :
Ma prière du jour
Avec les saints et l'Évangile

Prions en Église vous accompagne en 2024 pour prier tous les jours de l'année : que vous soyez assidus ou débutants, pressés ou plus disponibles, cette éphéméride vous aidera à **confier chaque jour au Seigneur une intention de prière en lien avec le saint du jour et avec l'Évangile du jour**.

Conçue par la rédaction de *Prions en Église*, cette éphéméride vous permettra de **vous nourrir tous les jours de la Parole de Dieu**. Voici un beau cadeau à offrir ou à s'offrir pour prier et méditer avec *Prions en Église*.

184 pages • 16 x 14,5 cm
16,90 €

BON DE COMMANDE — Prions en Église

✉ Bon de commande : À compléter/renvoyer accompagné de votre règlement sous enveloppe affranchie à : **Prions en Église – TSA 70014 – 93539 Aubervilliers CEDEX**.

L'éphéméride *Prions en Église*	Référence	Prix unitaire	Quantité	**Prix total**
Ma prière du jour 2024	FKU0237	16,90 €		€
Frais de port : ma commande est inférieure à 49 €, la livraison est à **5,90 €** Ma commande est supérieure 49 € d'achat, la livraison est à **1,00 €**				€
			Montant total	€

COORDONNÉES ☐ Madame   ☐ Monsieur   Merci d'écrire en lettres CAPITALES   B172699

Prénom   Nom

Complément d'adresse (résid./Esc./Bât.)

N° et voie (rue/Av./Bd...)
Indiquez précisément le n° de voie et le libellé de voie pour une meilleure garantie de l'acheminement de votre abonnement

Code postal   Ville

Date de naissance   J J M M A A A A   Téléphone

E-mail   @
Pour recevoir, conformément à la loi, la confirmation de votre abonnement et correspondre avec vous par courriel

Je règle par ☐ **Chèque** payable en France à l'ordre de *Bayard*   ☐ **Carte bancaire n°**

3 derniers chiffres au dos de votre carte   Date et signature

Date d'expiration   J J M M A A A A

📖 **En librairie** | 📞 **Par tél. au**  | 📶 **Sur** librairie-bayard.com/ephemeride-priere-2024

Appel non surtaxé • Code offre B172699

Offre valable en France métropolitaine jusqu'au 31/12/2023. Ces informations sont destinées au groupe Bayard. Elles sont enregistrées dans notre fichier à des fins de traitement de votre commande. Conformément à la loi *Informatique et libertés* du 06/01/1978 modifiée et au RGPD du 27/04/2016, elles peuvent donner lieu à l'exercice du droit d'accès, de rectification, d'effacement, d'opposition, à la portabilité des données et à la limitation des traitements ainsi qu'à connaître le sort des données après la mort. Votre adresse mail sera utilisée pour vous envoyer les newsletters que vous avez demandées ou dont vous bénéficiez en tant que client. Vos coordonnées postales et téléphoniques pourront être utilisées à des fins de prospection commerciale par Bayard. Votre nom associé à vos coordonnées postales et téléphoniques seront susceptibles d'être transmises à nos partenaires (éditeurs, associations, vente par correspondance...) Vous pouvez vous opposer à la prospection commerciale en vous connectant à https://www.groupebayard.com/fr/contact ou en envoyant votre demande à : Bayard (CNIL), TSA 10065, 59714 Lille CEDEX 9, France. Pour plus d'informations, nous vous renvoyons aux dispositions de notre Politique de confidentialité sur le site groupebayard. com. Nous vous informons de l'existence de la liste d'opposition au démarchage téléphonique « Bloctel », sur laquelle vous pouvez vous inscrire ici: https://www.bloctel.gouv.fr

LES MESSES TÉLÉ ET RADIO

Informations communiquées sous réserve de modifications. Renseignez-vous avant de vous rendre aux endroits indiqués.

LE JOUR DU SEIGNEUR – FRANCE 2 (11 heures)

3/9 Collégiale Saint-Georges-et-Sainte-Ode, à Amay (Belgique).
Prédicateur : *information non communiquée.*

10/9 Sanctuaire Notre-Dame-de-Garaison, Monléon-Magnoac (65).
Prédicateur : P. Jean-Marie Petitclerc, vicaire provincial des Salésiens de don Bosco.

17/9 Chapelle du Sacré-Cœur, Hasparren (64).
Prédicateur : P. Frédéric Ozanne, Mission de France.

24/9 Cathédrale Sainte-Marie-Majeure, Marseille (13).
Prédicateur : Mgr Jean-Marc Aveline, cardinal et archevêque de Marseille.

FRANCE CULTURE (10 heures)

3/9 Chapelle Notre-Dame de la Médaille miraculeuse, Paris (VIIe).
Prédicateur : P. Gilles Drouin.

10/9 Chapelle Notre-Dame de la Médaille miraculeuse, Paris (VIIe).
Prédicateur : Fr. Benoît Vandeputte, dominicain.

17/9 Chapelle Notre-Dame de la Médaille miraculeuse, Paris (VIIe).
Prédicateur : Mgr Bernard Podvin.

24/9 Monastère Sainte-Catherine-de-Sienne, Langeac (43).
Prédicateur : Fr. Augustin Laffay, dominicain.

CULTURE

LIVRES

 **LA SÉLECTION DE Panorama**

La prière du cœur
Frère Jean, Actes Sud, 144 p.
Frère Jean, ancien photographe de presse, est aujourd'hui moine orthodoxe au skite Sainte-Foy, monastère dans les Cévennes (48). Dans ce petit manuel, à la fois pratique et poétique, nourri de la Bible et des Pères de l'Église, il initie le lecteur à la prière du cœur, si chère aux orthodoxes : « Seigneur Jésus Christ, Fils de Dieu, aie pitié de moi, pécheur. » ■

Marie-Claire Brown

Prier le chapelet avec 35 saints
Anne-Lys Breurec, Salvator, 128 p.
En associant les saints à la méditation du chapelet, l'autrice a imaginé un cheminement avec des figures qui ont pris l'Évangile au sérieux. Les lundis sont consacrés aux mystères joyeux, les mardis aux douloureux, etc. Chacune des étapes est accompagnée de citations de nos aînés dans la foi, allant de saint Dominique au bienheureux Carlo Acutis. Un manuel parfait pour renouveler la prière du chapelet.

Paul de Tarse
Chantal Reynier, Cerf, 184 p.
Saint Paul à 360° ! La théologienne et historienne Chantal Reynier fait un point complet sur les connaissances actuelles dont nous disposons sur Paul de Tarse. Des dizaines de thématiques sont abordées dans cet ouvrage pour découvrir l'apôtre des gentils : sa biographie, ses lettres, sa théologie lumineuse mais aussi l'iconographie, le cinéma, la littérature ou encore la musique. Original et passionnant ! ■

Sébastien Antoni

Maquette du complexe du Saint-Sépulcre.

Souvenir de Jérusalem

Chef-d'œuvre de l'artisanat palestinien du XVIIᵉ siècle, la maquette de l'église du Saint-Sépulcre de Jérusalem, acquise par le musée du Louvre en 2022, est présentée au Louvre-Lens qui en a effectué la restauration. Outre la splendeur de l'objet réalisé en bois d'olivier, d'ébène, en ivoire et en marqueterie de nacre, l'exposition retrace l'histoire de ces maquettes, destinées à une clientèle fortunée catholique ou orthodoxe, qui permettaient de revivre l'expérience spirituelle du pèlerinage. ■

Hélène Roquejoffre, *Le Monde de La Bible*

Jusqu'au 6 novembre 2023 Louvre-Lens, 99, rue Paul Bert 62300 Lens www.louvrelens.fr. Entrée gratuite

NOS ACTUS

Neuvaine pour les Rencontres méditerranéennes

Prions en Église vous propose de vous associer spirituellement aux Rencontres méditerranéennes. Du 8 au 17 septembre, sur l'appli, priez avec nous la neuvaine proposée par le diocèse de Marseille. Envoyez-nous vos intentions de prières pour les migrants que la rédaction confiera lors d'une soirée de prière pendant les Rencontres (voir p. 12). ■

Amandine Boivin

Rendez-vous sur l'application ou sur le site : https://www.prionseneglise.fr/marseille

CULTURE

CD

Lais de la Rose et de la Fonteinne

Guillaume de Machaut, Ensemble Obsidienne, Bayard Musique

L'ensemble Obsidienne, dirigé par Emmanuel Bonnardot, poursuit son « voyage au cœur du Moyen Âge » avec deux grands poèmes lyriques que Guillaume de Machaut (XIVe siècle) a écrits et mis en musique : le « lai de la Rose » et le « lai de la Fonteinne ».

Gospel, variations piano

Touve R. Ratovondrahety Bayard Musique

Musicien exceptionnel aux multiples langages, Touve R. Ratovondrahety improvise ici sur les thèmes de célèbres gospels et spirituals. Il ne se contente pas de paraphrases, il intériorise les mélodies, il les enrichit, il les brode, et nous les fait entendre d'une façon nouvelle. ■

Dominique Pierre

NUMÉRIQUE

Saint Paul, apôtre de la Méditerranée

Faites connaissance avec l'apôtre Paul à l'occasion des Rencontres méditerranéennes 2023 qui se tiennent à Marseille. Au rythme de ses trois voyages missionnaires et de celui de la captivité, rencontrez ce baroudeur qui sillonna la Grande bleue et qui fonda, sur ses côtes, tant de communautés chrétiennes. Embarquez dès le 17 septembre avec saint Paul sur l'appli *Prions en Église !* ■

Sébastien Antoni

Disponible sur App Store et Google Play

AGENDA

Informations communiquées sous réserve de modifications.

ÉVÉNEMENT

Le Congrès Mission

Le Congrès Mission 2023 se déploie en trois temps forts : du vendredi 22 au dimanche 24 à Marseille, en partenariat avec les Rencontres méditerranéennes (MED23) ; du vendredi 29 au dimanche 1er octobre, à Besançon, Lille, Lyon, Nantes, Rouen, Toulouse et Tours ; le samedi 30 septembre, à Versailles, pour le Congrès Mission Jeunes. ■ www.congresmission.com

Grand Nord-Ouest

LISIEUX (14)
DU DIMANCHE 17 AU DIMANCHE 1er OCTOBRE
Formation
Étudier la pédagogie de sainte Thérèse, avec les frères Carmes et les Sœurs Servantes de Sainte Thérèse de l'Enfant-Jésus, à l'occasion de l'année jubilaire. En français et en portugais.
02 31 62 09 33
iet.internationale@gmail.com
www.therese-de-lisieux.catholique.fr

ROUEN (76)
DÈS LE LUNDI 18
Formations
Début des cours semestriels de l'Institut normand de sciences religieuses (INSR) en Bible, théologie, histoire, philosophie, questions pastorales, spiritualité, etc.
À Caen et à Rouen.
02 31 73 22 15
p.lano@insr-normandie.fr
insr-normandie.fr

ÉPERNON (28)
DU SAMEDI 30 AU DIMANCHE 1ER OCTOBRE
Session Relations
Célibataires, couples et futurs couples, personnes divorcées ou divorcées remariées, familles recomposées, « Avancer concrètement vers des relations apaisées ».
Avec Marie Maquaire, consultante.
Au Prieuré Saint-Thomas.
02 37 83 60 01
reservation@prieure-saint-thomas.fr
www.prieure-saint-thomas.fr …

AGENDA

... Grand Nord-Est

TROYES (10)
DÈS LE 17 SEPTEMBRE
Parcours en ligne
Étudiantes et jeunes pro, discerner sa vocation, avec le Parcours Le'h le'ha, proposé par les sœurs oblates de saint François de Sales.
03 25 73 25 63
jeunes.soeursoblatesdesfs.com

STRASBOURG (67)
DIMANCHE 24
Journée de marche
« Solos, en route ensemble » : la pastorale des familles du diocèse alsacien propose aux personnes séparées, divorcées, aux veufs et veuves, célibataires… un temps pour partager.
06 95 89 34 66
pastoraledesfamilles@diocese-alsace.fr

MOUVAUX (59)
À PARTIR DU MARDI 26
Formation
Le parcours Bible et vie est ouvert à toute personne curieuse de découvrir la Bible.
Avec Florence Renard, membre de la CVX, formée au parcours Mess'Aje et théologienne.
03 20 26 09 61
contact@hautmont.org
www.hautmont.org

Grand Sud-Ouest

BORDEAUX (33)
À PARTIR DU SAMEDI 30
Formation
Le parcours Croire et comprendre permet d'approfondir l'intelligence de la foi, de cheminer en équipe (en paroisse, service ou mouvement d'Église) vers le Christ, mieux connaître la Bible…
Six modules, avec réflexion personnelle, enseignements, partages.
05 57 81 74 96
secretariat@institutpeyberland.fr
www.institutpeyberland.fr

VICDESSOS (09)
DU SAMEDI 23 AU DIMANCHE 24
Retraite
Un week-end pour prier et contempler en Ariège : pause, rencontre, prière pour reprendre souffle et continuer le chemin. Accompagné par Henri Raison, jésuite.
05 62 71 65 30
secretariat@coteaux-pais.net
www.coteaux-pais.net

Grand Sud-Est

CLERMONT-FERRAND (63)
JUSQU'AU DIMANCHE 15 OCTOBRE
Exposition
« Les mystères de Pascal » : exposition à l'occasion des 400 ans de la naissance de Blaise Pascal, au musée d'art Roger-Quillot (MARQ).
04 43 76 25 25
accueil.marq@clermontmetropole.eu
clermontauvergnetourisme.com

MEYLAN (38)
SAMEDI 23
Formation
Au regard des Écritures et dans le cadre de la démarche synodale, réfléchir au « Sacerdoce des baptisés et ministères ordonnés, vers des ajustements nécessaires »...

ZOOM

Les Rencontres méditerranéennes à Marseille

Le pape François a accepté l'invitation du cardinal Jean-Marc Aveline pour conclure les Rencontres méditerranéennes le 23 septembre à Marseille. La visite papale se déroulera en trois temps : une prière œcuménique et interreligieuse à Notre-Dame-de-la-Garde en mémoire des migrants disparus en mer, une rencontre avec les jeunes et les évêques de la Méditerranée, et une messe ouverte à tous, Marseillais et pèlerins, venus d'ailleurs pour prier avec lui. Cette venue du pape en France ne constitue pas une visite diplomatique officielle, mais une visite pastorale. Pour l'occasion, la rédaction de *Prions en Église* sera présente au sanctuaire Saint-Ferréol les Augustins, animé par les jésuites, sur le Vieux-Port. Nos journalistes déposeront les intentions de prières des lecteurs de notre revue (voir p. 12) le 22 septembre au soir, lors d'une grande veillée de prière œcuménique, en présence du frère Alois de Taizé, animée par le groupe œcuménique de Marseille et la radio Dialogue RCF, qui par ailleurs fête ses 40 ans. ∎

rencontres-med23.org

Sébastien Antoni

AGENDA

… Un samedi par mois jusqu'au 20 janvier 2024.
04 76 41 62 83
contact@ctm-grenoble.org
ctm-grenoble.org

Île-de-France

PARIS (VIIIᴇ)
SAMEDI 9
Consécration
En vue des Jeux olympiques de Paris 2024, et dans le cadre du programme Holy Games, la chapelle Notre-Dame des sportifs, dédiée aux athlètes, sera consacrée dans l'église de la Madeleine.
eglise.catholique.fr

PARIS (Vᴇ)
À PARTIR DU LUNDI 25
Formation
« Jésus en quatre évangiles », avec Jean-Philippe Fabre, au collège des Bernardins.
01 53 10 74 44
contact@collegedesbernardins.fr
www.collegedesbernardins.fr

SAINT-PRIX (95)
DU VENDREDI 29 AU DIMANCHE 1ᴇʀ OCTOBRE
Session couple
Pour redonner espoir et confiance en votre couple en crise, proposé par l'association Retrouvaille, à la maison Massabielle.
06 65 70 65 39
contact@retrouvaille-coupleencrise.fr
www.retrouvaille-coupleencrise.fr
massabielle.net

PARIS (XVIIIᴇ)
DU SAMEDI 30 AU DIMANCHE 1ᴇʀ OCTOBRE
Retraite
Pour les veuves, laisser jaillir la vie et renaître à l'espérance à la suite du Christ ressuscité. Échanges avec des femmes ayant vécu la même épreuve. Avec la Fraternité Notre-Dame de la Résurrection.
06 70 63 73 65
www.veuves-chretiennes.ovh

ENVOYEZ VOS RENDEZ-VOUS À L'AGENDA DE PRIONS EN ÉGLISE : Merci d'envoyer les informations nécessaires 3 mois avant l'événement, sans engagement de publication par la rédaction, à : *Prions en Église*, Agenda, 18 rue Barbès, 92120 Montrouge, ou par e-mail : *prionseneglise@bayard-presse.com*

✝ PrionsenÉglise 18, rue Barbès, 92128 Montrouge Cedex.
www.prionseneglise.fr

▶ **POUR CONTACTER LE SERVICE CLIENT : 01 74 31 15 01** – service.client@groupebayard.com
(Préciser : nom + adresse postale + « concerne Prions en Église ».)
▶ **POUR VOUS ABONNER : 01 74 31 15 01** – www.librairie-bayard.com
Bayard, Prions en Église, TSA 60007, 59714 Lille Cedex 9
▶ **POUR CONTACTER LA RÉDACTION : 01 74 31 63 24** – prionseneglise@groupebayard.com

Directeur de la publication : Pascal Ruffenach. Directeur du secteur et directeur des rédactions : Jean-Pierre Denis. Rédaction : Karem Bustica (rédactrice en chef), Pomme Mignon (rédactrice en chef adjointe visuel, directrice artistique), Frédéric Pascal (rédacteur en chef adjoint), Armelle Gabriel (assistante), Nicolas Crouzier (secrétaire général de la rédaction), Jean-Baptiste Deau (1er secrétaire de rédaction), Clotilde Pruvôt, Véronique Jollé (secrétaires de rédaction), Laurent Sangpo, Pascal Redoutey (rédacteurs graphistes), Ania Biszewska (rédactrice photo), Sébastien Antoni (chef de grande rubrique), Anne-Quitterie Jozeau (rédactrice), Agnès Thépot (relations lecteurs). Ont participé : Michèle Clavier, Thibault Van Den Driessche. Marketing éditeur et développement : Anne-Claire Marion (directrice), Amandine Boivin (responsable marketing). Marketing diffusion et abonnement : Aurore Bertrand (directrice), Sandrine Dos Santos (chef de marché). Direction des terrains catholiques : Cédric Bloquet (directeur). Voyages lecteurs : Corinne Miguel. Contrôle de gestion : Tonnumy Ai. Fabrication : Grégory Cervantes. Impression : Maury SAS, Z.I. Route d'Étampes, 45330 Malesherbes. Textes liturgiques : © AELF. Chants : © Éditeurs. © Bayard et Novalis. Reproduction interdite sans autorisation. *Prions en Église* est édité par Bayard, société anonyme à Directoire et Conseil de Surveillance au capital de 16 500 000 €. Actionnaires : Augustins de l'Assomption (93,7 % du capital), SA Saint-Loup, Association Notre-Dame de Salut. Directoire : Pascal Ruffenach (président), André Antoni, Florence Guémy et Jean-Marie Montel (directeurs généraux). Président du Conseil de Surveillance : Hubert Chicou. Dépôt légal à parution. CPPAP : 0425K86471 - ISSN : 0383-8285. Belgique et Luxembourg : Bayard Presse Bénélux, Da Vincilaan, 1 – 1930 Zaventem. Tél. : 0800 250 38 (de Belgique, gratuit) ou 800 29 195 (du Luxembourg). Web marché chrétien : librairie-bayard.com. Suisse : Asendia Press Edigroup SA, Chemin du Château-Bloch 10, 1219 Le Lignon. Tél. : 00 41 22 860 84 02. Mail : abobayard@edigroup.ch

Ce numéro comporte : Sur la totalité de la diffusion : encart broché "Prions en Église" campagne de parrainage ; encart posé "Prions en Église Junior" ; encart jeté "Prions en Église" autopromo. Sur une partie de la diffusion : encart posé "Bayard jeunesse" offre d'abonnement ; relance posée "Prions en Église" offre d'abonnement.

Prions en Église agit pour l'environnement
PETIT FORMAT Origine du papier : Suède. Taux de fibres recyclées : 0 %. Origine des fibres : papier issu de forêts gérées durablement. Impact sur l'eau : Ptot 0,007 kg/T.
GRAND FORMAT Origine du papier : Suède. Taux de fibres recyclées : 0 %. Origine des fibres : papier issu de forêts gérées durablement. Impact sur l'eau : Ptot 0,003 kg/T

Saint Paul, apôtre de la Méditerranée

Un parcours pour se joindre aux Rencontres méditerranéennes 2023 et à la venue du pape à Marseille

Bulletin d'abonnement

GRELHS0118

● OUI, je m'abonne à *Prions en Église*

ÉDITION POCHE (13 x 11,9 cm) - PRI
- ☐ **1 an** (12 nos) .... **45 €**
- ☐ **2 ans** (24 nos) .... **80 €**
- ☐ **Étudiant** 1 an .... **29,95 €***

ÉDITION GRAND FORMAT (16 x 14,6 cm) - PRI
- ☐ **1 an** (12 nos) .... **52 €**
- ☐ **2 ans** (24 nos) .... **90 €**

+ EN CADEAU :
le hors-série *Noël 2023*
à recevoir en octobre

 PAR COURRIER Renvoyez ce bulletin accompagné de votre chèque payable en France libellé à l'ordre de « Bayard » à l'adresse suivante : **Bayard - TSA 40020 - 93539 Aubervilliers CEDEX**

 PAR INTERNET sur librairie-bayard.com/abopri

COORDONNÉES   ☐ Mme   ☐ M.   Prénom

Nom

A177273

Complément d'adresse (résid./Esc./Bât.)

N° et voie (rue/Av./Bd...)

Code postal   Ville

Pays   Date de naissance J J M M A A A A

Tél.   E-mail

Pour recevoir la confirmation de votre abonnement et notre newsletter du jeudi

RENSEIGNEMENTS POUR LES ABONNEMENTS HORS FRANCE MÉTROPOLITAINE

		DOM-TOM & UE	AUTRES PAYS	BELGIQUE	SUISSE
Téléphone		(33) 174 311 501		0800/250 38**	(022) 860 84 02
POCHE	1 an	48 €	54 €		
	2 ans	86 €	98 €	Renseignez-vous sur les tarifs	
GRAND FORMAT	1 an	55 €	61 €	et abonnez-vous par téléphone	
	2 ans	96 €	108 €		

*Uniquement en France métropolitaine. Cette offre ne contient pas de cadeau. Joindre une photocopie de la carte d'étudiant.   **Appel gratuit